HEINZ POST

Der Anwendungsbereich des Unterschlagungstatbestandes (§ 246 StGB)

NEUE KÖLNER RECHTSWISSENSCHAFTLICHE ABHANDLUNGEN

HERAUSGEGEBEN VON
DER RECHTSWISSENSCHAFTLICHEN FAKULTÄT
DER UNIVERSITÄT ZU KÖLN

HEFT 6

Berlin 1956

WALTER DE GRUYTER & CO.

vormals G. J. Göschen'sche Verlagshandlung · J. Guttentag, Verlagsbuchhandlung
Georg Reimer · Karl J. Trübner · Veit & Comp.

Der Anwendungsbereich des Unterschlagungstatbestandes (§ 246 StGB.)

Von

Dr. Heinz Post

Wuppertal

Berlin 1956

WALTER DE GRUYTER & CO.

vormals G. J. Göschen'sche Verlagshandlung · J. Guttentag, Verlagsbuchhandlung
Georg Reimer · Karl J. Trübner · Veit & Comp.

Archiv-Nr. 27 08 55 / 6
Satz und Druck: I/10/14 Walter de Gruyter & Co., Trebbin Kr. Luckenwalde

5000/324/54

Inhalt

Literaturhinweise

A) Zeitschriften und Entscheidungssammlungen.

ArchCivPr.	Archiv für die civilistische Praxis.
ArchCrimR.	Archiv des Criminalrechts.
BGHSt.	Entscheidungen des Bundesgerichtshofs in Strafsachen.
DJ.	Deutsche Justiz.
DJZ.	Deutsche Juristen-Zeitung.
DR.	Deutsches Recht.
DRZ.	Deutsche Rechts-Zeitschrift. bei Jahrgängen vor 1946: Deutsche Richter-Zeitung, Rechtsprechungsbeilage.
GerS.	Der Gerichtssaal.
GoltdA.	Archiv für Strafrecht und Strafprozeß, begründet durch Goltdammer.
HESt.	Höchstrichterliche Entscheidungen in Strafsachen.
JherJ.	Jherings Jahrbücher für die Dogmatik des römischen und deutschen Privatrechts.
JMBl. NRW.	Justizministerialblatt für das Land Nordrhein-Westfalen.
JR.	Juristische Rundschau.
JR. . . Rspr.	Juristische Rundschau, Rechtsprechungsbeilage.
JW.	Juristische Wochenschrift.
JZ.	Juristenzeitung.
KritViertSchr.	Kritische Vierteljahresschrift für Gesetzgebung und Rechtswissenschaft.
LM.	Lindenmaier-Möhring, Nachschlagewerk des Bundesgerichtshofs.
LZ.	Leipziger Zeitschrift.
MDR.	Monatsschrift für deutsches Recht.
MDR. . . Beil.	Monatsschrift für deutsches Recht, Beilage über die Rechtssätze des Bundesgerichthofes.
NJW.	Neue Juristische Wochenschrift.
OGHSt.	Entscheidungen des Obersten Gerichtshofes für die Britische Zone in Strafsachen.
Recht	Das Recht.
RGSt.	Entscheidungen des Reichsgerichts in Strafsachen.
RGZ.	Entscheidungen des Reichsgerichts in Zivilsachen.
RMG.	Entscheidungen des Reichsmilitärgerichts.
SJZ.	Süddeutsche Juristen-Zeitung.
ZAkDR.	Zeitschrift der Akademie für deutsches Recht.
ZStW.	Zeitschrift für die gesamte Strafrechtswissenschaft.

B) Lehrbücher, Kommentare, Monographien und andere Abhandlungen.

Allfeld	Allfeld. Lehrbuch des Deutschen Strafrechts. 8. Aufl. des von Hugo Meyer begründeten Lehrbuchs. Leipzig, Erlangen 1922.
Bekker	Bekker. Der Besitz beweglicher Sachen. — JherJ. 34 S. 1ff.
Beling	Beling. Die Lehre vom Verbrechen. Tübingen 1906.
Berner	Berner. Lehrbuch des Deutschen Strafrechtes. 18. Aufl. Leipzig 1898.
Bierling	Bierling. Juristische Prinzipienlehre. 4. Band. Tübingen 1911.
Binding Hdb.	Binding. Handbuch des Strafrechts. 1. Band. Leipzig 1885.
Lhb.	—. Lehrbuch des Gemeinen Deutschen Strafrechts. Besonderer Teil. 1. Band. 2. Aufl. Leipzig 1902.
Normen	—. Die Normen und ihre Übertretung. II. Band. 2. Aufl. Leipzig 1916.
Bockelmann	Bockelmann. Ist eine berichtigende Auslegung des § 246 StGB. statthaft? — MDR. 1953 S. 3ff.
Bührer	Bührer. Die Fundaneignung nach dem RStGB. und dem Vorentwurf zu einem Deutschen Strafgesetzbuch. — GoltdA. 59 S. 435ff.
Busch	Busch. Anmerkung zu einer Entscheidung des OLG. Bremen. — SJZ. 1950 Sp. 359ff.
Danz	Danz. Richterrecht. Berlin 1912.
Eckstein	Eckstein. Über den Begriff der strafrechtlichen Zueignung. — GerS. 80 S. 283ff.
Engisch	Engisch. Die Einheit der Rechtsordnung. Heidelberg 1935.
Enneccerus-Nipp.	Enneccerus. Allgemeiner Teil des bürgerlichen Rechtes. 14. Aufl. von Nipperdey. 1. Halbband. Tübingen 1952.
Feldscher	Feldscher. Über den Begriff der Zueignung im deutschen Strafgesetzbuch. Diss. Münster i. W. 1936.
Finger	Finger. Buchbesprechung. — KritViertSchr. 44 S. 568ff.
Frank	Frank. Das Strafgesetzbuch für das Deutsche Reich. 18. Aufl. Tübingen 1931.
Gerland	Gerland. Deutsches Reichsstrafrecht. Ein Lehrbuch. 2. Aufl. Berlin u. Leipzig 1932.
Gleispach	Gleispach. Die Veruntreuung an vertretbaren Sachen. I. Teil. Berlin 1905.
Goldschmidt	Goldschmidt. Aus der Lehre vom Diebstahl. — GoltdA. 47 S. 261ff., 348ff.
Goltdammer	Goltdammer. Die Materialien zum Straf-Gesetzbuch für die Preußischen Staaten. Teil II. Berlin 1852.

Grünhut	Grünhut. Methodische Grundlagen der heutigen Strafrechtswissenschaft. — Festgabe für Frank zum 70. Geburtstag, herausgeg. von Hegler, Band I, Tübingen 1930, S. 1ff.
Gürtner	Das kommende deutsche Strafrecht. Besonderer Teil. Herausgeg. von Gürtner. 2. Aufl. Berlin 1936.
Hälschner	Hälschner. Das gemeine deutsche Strafrecht. 2. Band. Bonn 1884.
Heck Gesetzesausl.	Heck. Gesetzesauslegung und Interessenjurisprudenz. — ArchCivPr. 112 S. 1ff.
Begriffsb.	—. Begriffsbildung und Interessenjurisprudenz. Tübingen 1932.
Hepp	Hepp. Die Analogie in den verschiedenen Richtungen ihrer Anwendbarkeit auf dem Gebiete des Strafrechts. — ArchCrimR. 1846 S. 100ff.
v. Hippel	v. Hippel. Lehrbuch des Strafrechts. Berlin 1932.
Honig	Honig. Die Einwilligung des Verletzten. Teil I. Mannheim, Berlin, Leipzig 1919.
Höpfner	Höpfner. Diebstahl und Unterschlagung im Vorentwurf zu einem Deutschen Strafgesetzbuch. Berlin 1910.
Huber	Huber. Recht und Rechtsverwirklichung. 2. Aufl. Basel 1925.
Kohlrausch-Lange	Strafgesetzbuch mit Erläuterungen. 39. und 40. Aufl. Von Kohlrausch und Lange. Berlin 1950.
Köhler	Köhler. Anmerkung zu einer Entscheidung des RG. — JW. 1920 S. 293.
Krebs	Krebs. Über den Begriff der Zueignung bei Diebstahl und Unterschlagung. Diss. Breslau 1915.
Kujawa	Kujawa. Zur Auslegung des § 246 des Reichsstrafgesetzbuches. — GoltdA. 51 S. 1ff.
Leipz. Komm. 4. Aufl.	Reichs-Strafgesetzbuch. Erläutert von Ebermayer, Lobe u. Rosenberg. 4. Aufl. Berlin u. Leipzig 1929.
7. Aufl.	Strafgesetzbuch (Leipziger Kommmentar). Begründet von Ebermayer, Lobe u. Rosenberg. Band 1, herausgeg. von Nagler, Jagusch u. Mezger, 7. Aufl., Berlin 1953. Band 2, herausgeg. von Nagler, 6./7. Aufl., Berlin 1951.
v. Liszt-Schmidt	v. Liszt. Lehrbuch des Deutschen Strafrechts. 25. Aufl., besorgt von Eberhard Schmidt. Berlin u. Leipzig 1927.
Manigk	Manigk. Auslegung. — Handwörterbuch der Rechtswissenschaft, herausgeg. von Stier-Somlo u. Elster, 1. Band, Berlin u. Leipz. 1926, S. 428ff.
Maurach	Maurach. Deutsches Strafrecht. Besonderer Teil. Hannover u. Darmstadt 1952.
Mayer Strafr.	Mayer, Hellmuth. Strafrecht. Allgemeiner Teil. Stuttgart u. Köln 1953.

Mayer Anm.	—. Anmerkung zu einer Entscheidung des RG. — JW. 1934 S. 486f.
Anal.	—. Das Analogieverbot im gegenwärtigen deutschen Strafrecht. — SJZ. 1947 Sp. 12ff.
Merkel	Merkel. Diebstahl und Unterschlagung. — Handbuch des deutschen Strafrechts von Holtzendorff.
III	3. Band, Berlin 1874, S. 619ff.,
IV	4. Band, Berlin 1877, S. 403ff.
Mezger Lhb.	Mezger. Strafrecht. Ein Lehrbuch. 3. Aufl. Berlin u. München 1949.
Grdr.	—. Deutsches Strafrecht. Ein Grundriß. 3. Aufl. Berlin 1943.
Stdb. I	—. Strafrecht. Allgemeiner Teil. Ein Studienbuch. 4. Aufl. München u. Berlin 1952.
Stdb. II	—. Strafrecht. Besonderer Teil. Ein Studienbuch. 3. Aufl. München u. Berlin 1952.
Hehl.	—. Zur Entwicklung der sog. Ersatzhehlerei. — ZStW. 59 S. 549ff.
Micelli	Micelli. Der Begriff des Gewahrsams im Strafrechte. Strafrechtliche Abhandlungen, Heft 72, Breslau 1906.
Motive	Motive zum Strafgesetzbuch für den Norddeutschen Bund. — Stenographische Berichte über die Verhandlungen des Reichstages des Norddeutschen Bundes, I. Legislatur-Periode, Session 1870, 3. Band (Anlagen Nr. 1—72), Berlin 1870, S. 26ff.
Mühlmann-Bommel	Das Strafgesetzbuch. Erläutert von Mühlmann und Bommel. Regensburg 1949.
Niethammer	Niethammer. Lehrbuch des Besonderen Teils des Strafrechts. Tübingen 1950.
Olshausen	J. v. Olshausen's Kommentar zum Strafgesetzbuch für das Deutsche Reich.
11. Aufl.	11. Aufl., bearb. von Lorenz, Freiesleben, Niethammer, Kirchner, Gutjahr, 2. Band, Berlin 1927.
12. Aufl.	12. Aufl., bearb. von Freiesleben, Hörchner, Kirchner, Niethammer, Berlin 1942.
Oppenhoff	Oppenhoff, Friedrich. Das Strafgesetzbuch für das Deutsche Reich. 11. Aufl., herausgeg. von Theodor Oppenhoff. Berlin 1888.
Palandt	Palandt. Bürgerliches Gesetzbuch. Bearb. von Danckelmann, Gramm, Hoche, Lauterbach, Rechenmacher. 11. Aufl. München u. Berlin 1953.
Redslob	Redslob. Der zivilrechtliche und der strafrechtliche Gewahrsam. — ZStW. 30 S. 205ff.
Reichel	Reichel. Gesetz und Richterspruch. Zürich 1915.
Reinicke Ausl.	G. u. D. Reinicke. Die Auslegungsgrundsätze des Bundesgerichtshofes. — NJW. 1951 S. 681ff.
Wortl.	—. Die Bedeutung des Wortlauts bei der Auslegung von Gesetzen nach der Rechtsprechung des Bundesgerichtshofs. — NJW. 1952 S. 1033ff.

Reinicke Bew.	—. Zur Frage, ob das Gericht berechtigt ist, über den Willen des Gesetzgebers Beweis zu erheben. — MDR. 1952 S. 141ff.
Rittler	Rittler. Gesetztes und nicht-gesetztes Strafrecht. — ZStW. 49 S. 451ff.
RGRK.	Das Bürgerliche Gesetzbuch (Kommentar von Reichsgerichtsräten). 9. Aufl. Berlin 1939.
Rotering	Rotering. Zeit- und Streitfragen: Unterschlagung. — GoltdA. 47 S. 243ff.
Rümelin	Rümelin, Max. Gesetz, Rechtsprechung und Volksbetätigung auf dem Gebiet des Privatrechts, 2. Vortrag: Die richterliche Rechtsfindung. — ArchCivPr. 122 S. 265ff.
Sauer Diss.	Sauer, Wilhelm. Schließen sich Diebstahl und Sachbeschädigung begrifflich aus? Diss. Halle-Wittenberg 1908.
Zueign.	—. Der Zueigungsbegriff. — GoltdA. 63 S. 284ff.
Schaffstein	Schaffstein. Der Begriff der Zueignung bei Diebstahl und Unterschlagung. — GerS. 103 S. 292ff.
Schappei	Schappei. Der Zueignungsbegriff im geltenden Strafgesetzbuch für das Deutsche Reich und im Entwurf eines Allgemeinen Deutschen Strafgesetzbuches von 1927. Diss. Erlangen 1928.
Schmidt Grdr.	Schmidt, Richard. Grundriß des Deutschen Strafrechts. 2. Aufl. Leipzig 1931.
Einfl.	—. Der Einfluß des Bürgerlichen Gesetzbuches auf das Strafrecht. — DJZ. 1900 S. 146ff.
Schönke	Schönke. Strafgesetzbuch. Kommentar. 6. Aufl. München u. Berlin 1952.
Schwarz	Schwarz. Strafgesetzbuch. 15. Aufl. München u. Berlin 1952.
Schwinge	Schwinge. Teleologische Begriffsbildung im Strafrecht. Bonn 1930.
Siebert	Siebert. Der strafrechtliche Besitzbegriff, besonders in der Rechtsprechung des Reichsgerichts. Diss. Halle-Wittenberg 1928 = Strafrechtliche Abhandlungen, Heft 235, Breslau 1928.
Soltmann	Soltmann. Der Gewahrsamsbegriff in § 242 StGB. Strafrechtliche Abhandlungen, Heft 349, Breslau-Neukirch 1934.
Stenogr. Ber.	Stenographische Berichte über die Vehandlungen des Reichstages des Norddeutschen Bundes. I. Legislatur-Periode. Session 1870. 2. Band. Berlin 1870.
Stoll	Stoll. Rechtsstaatsidee und Privatrechtslehre. — JherJ. 76 S. 134ff.
Stooss	Stooss. Lehrbuch des Österreichischen Strafrechts. 2. Aufl. Wien u. Leipzig 1913.
Többen	Többen. Diebstahl an Erbschaftssachen. Diss. Göttingen 1893.

Wach — Wach. Handbuch des Deutschen Civilprozeßrechts. 1. Band. Leipzig 1885.

Wachenfeld — Wachenfeld. Lehrbuch des Deutschen Strafrechts. München 1914.

Wächter — Wächter. Über Gesetzes- und Rechtsanalogie im Strafrecht. — ArchCrimR. 1844 S. 413ff.

Welzel Strafr. — Welzel. Das deutsche Strafrecht in seinen Grundzügen. Berlin 1947.

Anal. — —. Auf welche Bestandteile einer Strafvorschrift bezieht sich der Satz: nulla poena sine lege? — JZ. 1952 S. 617f.

Werner — Werner. Anmerkung zu einer Entscheidung des BGH. — LM. Nr. 2 zu § 246 StGB.

Widmann Laemmert — Widmann Laemmert. Der Begriff des Gewahrsams in den §§ 242 und 246 StGB. Diss. Heidelberg 1909.

Wolf — Wolf, Erik. Der Sachbegriff im Strafrecht. — Die Reichsgerichtspraxis im deutschen Rechtsleben, Festgabe der juristischen Fakultäten zum 50-jährigen Bestehen des Reichsgerichts, herausgeg. von Schreiber, 5. Band, Berlin u. Leipzig 1929, S. 44ff.

Zimmer — Zimmer. Der Zueignungsbegriff nach dem Reichsstrafgesetzbuch. Diss. Halle-Wittenberg 1913.

Zuckermann — Zuckermann. Die Entwicklung des Gewahrsamsbegriffs im Strafrecht und seine Abgrenzung vom zivilistischen Besitzbegriff. Diss. Köln 1931.

Abkürzungen.

Es sind, abgesehen von den oben erläuterten Literaturhinweisen, die gebräuchlichen Abkürzungen verwendet worden.

A. Einleitung.

I. Das Problem.

Wenn der Titel dieser Abhandlung die Frage nach dem Anwendungsbereich des Unterschlagungstatbestandes, wie er in der Vorschrift des § 246 StGB. enthalten ist, aufwirft, so mag es wundernehmen, daß diese Frage heute, mehr als achtzig Jahre nach dem Inkrafttreten des Strafgesetzbuches und seines § 246 in der seither unverändert gebliebenen Fassung, noch problematisch ist. Doch gerade die unveränderte Fortgeltung dieser Vorschrift hat die Diskussion um ihren Anwendungsbereich nicht zur Ruhe kommen lassen.

Der § 246 StGB. hat bekanntlich folgenden Wortlaut:

> Wer eine fremde bewegliche Sache, die er in Besitz oder Gewahrsam hat, sich rechtswidrig zueignet, wird wegen Unterschlagung mit Gefängnis bis zu drei Jahren und, wenn die Sache ihm anvertraut ist, mit Gefängnis bis zu fünf Jahren bestraft.
>
> Sind mildernde Umstände vorhanden, so kann auf Geldstrafe erkannt werden.
>
> Der Versuch ist strafbar.

Als die tatbestandsmäßige Handlung der Unterschlagung erscheint das „Sichzueignen einer fremden beweglichen Sache". Wäre damit die Tatbestandsdefinition erschöpft, so würde die Frage nach dem Anwendungsbereich des § 246 StGB. nicht mehr darstellen als ein Problem der Konkurrenz mit anderen Straftatbeständen. Der Streit der Meinungen, welcher den Anstoß zu der vorliegenden Arbeit gegeben hat, geht jedoch nicht darum, sondern um die Bedeutung des Satzteiles „die er in Besitz oder Gewahrsam hat" für die Umgrenzung des Unterschlagungsbereichs. Auf der einen Seite stehen diejenigen, die diesen Satzteil als ein einschränkendes Tatbestandsmerkmal auffassen, die eine Zueignung nur dann als Unterschlagung ansehen, wenn der Täter bereits vor der Zueignung Besitz oder Gewahrsam an der Sache erlangt hat — so die eine[1]) — oder doch wenigstens gleichzeitig mit der Zueignung erlangt — so die andere Abteilung in dieser Gruppe[2]). Auf der anderen Seite stehen die Befürworter der sog. „berichtigenden Auslegung" des § 246 StGB.; sie sehen in dem zitierten Satzteil nicht ein einschränkendes, ja überhaupt nicht ein Tatbestandsmerkmal im engeren Sinne, sondern eine bloße Abgrenzungsformel zum Diebstahl, die, so meinen sie, vergleichbar der Regelung des Verhältnisses zwischen den §§ 211, 212 StGB., lediglich

[1]) Z. B.: Olshausen 12. Aufl. zu § 246, Anm. 5a; Kohlrausch-Lange zu § 246, Anm. II.

[2]) Z. B. Schönke zu § 246, Anm. IV 3.

die Aufgabe habe, den Diebstahlstatbestand zu verneinen; dementsprechend kommt für sie als Unterschlagung jede Zueignung in Betracht, die nicht die Diebstahlsmerkmale an sich trägt [3] [4]).

Von einer herrschenden Auffassung, einer solchen, die sich durchgesetzt hätte, kann nicht gesprochen werden. Wohl hat die erstgenannte Gruppe eine größere Zahl von bedeutenden Vertretern aufzuweisen, doch teilen sich diese, wie angedeutet, in zwei Lager: Von einer Beschränkung des Tatbestandes der Unterschlagung durch das positive Erfordernis von Besitz oder Gewahrsam gehen beide aus, wobei allerdings die Beschränkung je nach der Inhaltsbestimmung dieser Begriffe unterschiedlich gesehen wird; während aber nun die einen außerdem noch die zeitliche Aufeinanderfolge von Besitz- oder Gewahrsamsbegründung und Zueignung verlangen, lassen die anderen auch die mit der Besitz- oder Gewahrsamsbegründung zusammenfallende Zueignung genügen. Die Ansicht der letztgenannten Gruppe teilt seit geraumer Zeit die Rechtsprechung fast einhellig [5]).

Wie die hier skizzierten engen Auffassungen, so ist auch die „berichtigende Auslegung" des § 246 StGB. so alt wie diese Vorschrift selbst; sie hat bis in die jüngste Zeit hinein neue Verteidiger gefunden [6]).

Dieser Arbeit ist nun die Aufgabe gestellt, das mit der Einfügung des oben zitierten Satzteiles in den § 246 StGB. aufgeworfene Problem, ob der Unterschlagungstatbestand jede rechtswidrige Zueignung einer fremden beweglichen Sache, die nicht durch diebische Wegnahme vollzogen wird, oder aber, beschränkt durch das Erfordernis von Besitz oder Gewahrsam, nur einen Ausschnitt aus diesem Gebiet erfaßt, zu erörtern und, soweit möglich, einer befriedigenden Lösung zuzuführen.

II. Die Bedeutung des Problems für die Festlegung des Bereiches strafbarer Zueignung überhaupt.

Das zu behandelnde Problem erschöpft sich nicht in der Frage, welche Fälle von Zueignung einer fremden beweglichen Sache als

---

[3]) So z. B.: Binding Lhb. S. 275 f., Normen S. 1043 ff.; Leipz. Komm. 7. Aufl. zu § 246, Anm. II 2.

[4]) Nur der völlige Verzicht auf jede positive Bedeutung des Besitz-Gewahrsams-Merkmals im Unterschlagungstatbestand wird hier und im Folgenden unter der „berichtigenden Auslegung" des § 246 StGB. verstanden; nicht aber wird, wie es verschiedentlich in Verwirrung stiftender Weise geschieht (z. B. bei Schönke zu § 246, Anm. IV 3, und Busch Sp. 360), mit dieser Bezeichnung diejenige oben erwähnte Auffassung belegt, die Besitz oder Gewahrsam zur Unterschlagung positiv erfordert und nur die mit der Begründung dieses Verhältnisses zusammenfallende Zueignung zur Tatbestandserfüllung genügen läßt.

[5]) Siehe dazu insbes. RGSt. 49/194 (198).

[6]) Z. B. Welzel (Strafr. S. 163) und Busch (Sp. 360).

Unterschlagung zu erkennen sind, sondern hat darüber hinaus Bedeutung für den Umfang des strafrechtlichen Eigentumsschutzes überhaupt.

Der Unterschlagungstatbestand gehört, erkenntlich an dem Handlungsobjekt „fremde Sache“, zu denjenigen Strafrechtssätzen, die zum Schutze der — in Art. 14 GG. verfassungsmäßig garantierten — Eigentumsordnung aufgestellt sind, und zwar speziell zu denjenigen Normen, die sich gegen eine besondere Art des Angriffs auf fremdes Eigentum, nämlich gegen den Angriff durch Zueignung richten. Die sämtlichen dem geltenden Recht bekannten Eigentumsdelikte, die einen solchen Angriff durch Zueignung voraussetzen, lassen sich auf die Tatbestände des Diebstahls (§ 242 StGB.) und der Unterschlagung zurückführen; es gibt keinen Straftatbestand, der einen weiteren Bereich der Zueignung fremder Sachen erschließt, als er von der Diebstahls- und der Unterschlagungsvorschrift ohnehin erfaßt wird. Zwar sind in vielen Fällen, in denen jemand sich eine im Eigentum eines anderen stehende Sache zueignet, die §§ 242, 246 StGB. selbst nicht anwendbar, weil ihnen ein Sondertatbestand in der Anwendung vorgeht; es gibt jedoch keine nach geltendem Recht strafbare Zueignung fremder Sachen, die als solche der Strafbarkeit entbehren würde, wenn ausschließlich die Straftatbestände des Diebstahls und der Unterschlagung vorhanden wären. Diese Tatsache, die für die nur privilegierten und qualifizierten Formen des Diebstahls und der Unterschlagung [7]) einer näheren Darlegung nicht bedarf, ergibt sich bei den übrigen durch Zueignung begehbaren Eigentumsdelikten entweder aus der Verweisung auf den Diebstahls- oder Unterschlagungstatbestand unter Beschränkung desselben auf gewisse Fälle [8]) oder aber aus der inhaltlich gleichen Fassung des Sondertatbestandes unter Hinzufügung anderer, außerhalb des Eigentumsschutzes liegender Momente [9]) [10]).

Diebstahl und Unterschlagung schließen sich, das ist noch niemals bezweifelt worden, gegenseitig aus. Der Diebstahlstatbestand regelt einen ganz speziellen Fall der Zueignung einer fremden beweglichen

---

[7]) Zu nennen sind hier insbesondere: schwerer Diebstahl gem. § 243 StGB., Veruntreuung gem. § 246 StGB., Haus- u. Familiendiebstahl bezw. -unterschlagung gem. § 247 StGB.

[8]) So insbes. bei den folgenden Delikten: Notdiebstahl u. -unterschlagung gem. § 248a StGB., Amtsunterschlagung gem. §§ 350, 351 StGB., Verbrauchsmitteldiebstahl u. -unterschlagung gem. § 370 Nr. 5 StGB., Metalldiebstahl gem. § 4 Ges. ü. Verk. m. Edelmetallen und § 17 Ges. ü. Verk. m. unedlen Metallen, Feld- und Forstdiebstahl gem. den darüber ergangenen Vorschriften (z. B. §§ 15, 4 des preuß. Ges. v. 21. 1. 1926 — GS. S. 83).

[9]) U. a. Raub gem. §§ 249—251 StGB., Depotunterschlagung gem. § 38 DepotG.

[10]) Außer Betracht zu lassen sind hier die nicht dem Eigentumsschutz, sondern dem Schutz eines Aneignungsrechtes dienenden Zueignungstatbestände (z. B. §§ 292ff. StGB.); so mit Recht auch Bockelmann S. 4.

Sache, nämlich denjenigen, bei welchem die Zueignung sich mit der Wegnahme der Sache verbindet. Diese Wegnahme (in Zueignungsabsicht) ist die tatbestandsmäßige Handlung des Diebstahls und wird gemeinhin als Bruch fremden und Begründung eines neuen Gewahrsams definiert [11]. Die Regelung des gesamten übrigen Gebietes der Zueignung fremder beweglicher Sachen ist der Unterschlagungsnorm vorbehalten. Dementsprechend wird mit dem Anwendungsbereich des Unterschlagungstatbestandes nicht nur festgelegt, welche Fälle von Zueignung fremder beweglicher Sachen als Unterschlagung erscheinen, sondern gleichzeitig wird, da es eine Zueignungsstrafbarkeit über Diebstahl und Unterschlagung hinaus nicht gibt, bestimmt, inwieweit überhaupt das geltende Recht einen strafrechtlichen Schutz des Eigentums gegen die besondere Angriffsart der Zueignung gewährt. Nur wenn der Unterschlagungstatbestand als die allgemeinere Vorschrift sich dem einen Spezialfall regelnden Diebstahlstatbestand lückenlos anschließt, ist von einem umfassenden strafrechtlichen Schutz gegen jede denkbare Begehungsweise der Zueignung zu reden; andernfalls gibt es Fälle von rechtswidriger Zueignung fremder beweglicher Sachen, auf die keine Strafdrohung zutrifft [12].

III. Der Zusammenhang mit weiteren Problemen.

Die Bedeutung des Satzteiles „die er in Besitz oder Gewahrsam hat“, also desjenigen Tatbestandsmerkmales, das die der Arbeit zugrunde liegende Frage nach dem Anwendungsbereich der Unterschlagungsvorschrift aufwirft, ist von Einfluß auf die Betrachtung auch einiger anderer Probleme, welche der Unterschlagungstatbestand in sich birgt.

In erster Linie hängt mit dem hier zu behandelnden Problem die Frage zusammen, ob die Unterschlagung sich in ihrem Verhältnis zum Diebstahl als ein Delikt eigener Prägung, ein „aliud“, oder aber als eine bloß minderschwere Form der Zueignung einer fremden beweglichen Sache, ein „minus“, präsentiert. Diese Frage müssen zum mindesten diejenigen, die zur Unterschlagung neben dem Besitz oder Gewahrsam auf seiten des Täters auch die der Zueignung vorausgehende Begründung dieses Verhältnisses verlangen, in ersterem Sinne entscheiden. Daraus folgt einmal, daß sie nicht einfach wegen Unterschlagung bestrafen können, wenn der Täter mit Unterschlagungsvorsatz gestohlen oder mit Diebstahlsvorsatz unterschlagen hat, denn der Vorsatz bezieht sich jeweils auf einen anders gearteten Tatbestand [13]. Zum anderen werden die Vertreter dieser engen Auffassung die Möglichkeit des Fortsetzungszusammenhangs zwischen Dieb-

[11] Vgl. Leipz. Komm. 7. Aufl. zu § 242, Anm. III 1.
[12] Vgl. dazu Bockelmann S. 3f.
[13] Beling S. 282f.; vgl. dazu die Polemik Bindings (Normen S. 1046).

stahl und Unterschlagung grundsätzlich verneinen müssen, weil beide Delikte verschiedene Begehungsweisen voraussetzen [14]). Die Vertreter der „berichtigenden Auslegung" des § 246 StGB. haben mit solchen Schwierigkeiten nicht zu kämpfen, da für sie die Unterschlagung nichts anderes ist als der Grundtatbestand der Zueignungsdelikte, demgegenüber der Diebstahl nur eine Qualifikation bedeutet [15]).

Von der Auslegung des Satzteiles „die er in Besitz oder Gewahrsam hat" hängt weiterhin die Beantwortung der Frage ab, ob zum Unterschlagungsvorsatz das Wissen um den eigenen Besitz oder Gewahrsam gehört, oder ob der Vorsatz sich nicht auf diese Merkmale zu erstrecken braucht. Für die Vertreter der „berichtigenden Auslegung" taucht diese Frage nicht auf, denn sie erfordern ja schon objektiv nicht das Vorliegen eines solchen Verhältnisses [16]). Diejenigen, die das Erfordernis von Besitz oder Gewahrsam als ein einschränkendes Tatbestandsmerkmal ansehen, haben jedoch allen Grund, der genannten Frage Aufmerksamkeit zu schenken. Nur wenige führen ihre Auffassung hier folgerichtig durch und wollen freisprechen, wenn der Täter sich über das Vorliegen von Besitz oder Gewahrsam in seiner Person geirrt hat [17]). Von den meisten wird die Frage jedoch entweder bloß inzidenter [18]) oder zwar ausdrücklich, aber ohne oder mit einer wenig überzeugenden Begründung verneint [19]) [20]), offenbar unter Anschluß an die Ausführungen Bindings [21]) (der selbst jedoch die „berichtigende Auslegung" vertritt!) sowie wohl aufgrund des Rechtsgefühles, das sich gegen eine Freisprechung im Irrtumsfalle wendet [22]).

Die Möglichkeit, wegen versuchter Unterschlagung zu bestrafen, wird durch das Verlangen nach Besitz oder Gewahrsam beim Täter

---

[14]) Vgl.: Schönke zu § 246, Anm. XI; RGSt. 58/228 (229 f.); RG. GoltdA. 47 S. 156; auch Kohlrausch-Lange vor § 73, Bem. II B 1 a.

[15]) Vgl.: Binding Normen S. 1043 f.; Leipz. Komm. 7. Aufl. zu § 246, Anm. I. — Unverständlich ist die Stellungnahme Maurachs, der, obwohl er der „berichtigenden Auslegung" anhängt (vgl. S. 185 f., 193), den Diebstahl als ein „aliud" gegenüber der Unterschlagung bezeichnet (S. 155).

[16]) Vgl.: Binding Normen S. 1045 f.; Leipz. Komm. 7. Aufl. zu § 246, Anm. IV.

[17]) So RG. GoltdA. 45 S. 431. Vgl. dazu: Leipz. Komm. 4. Aufl. zu § 246, Anm. 7; Binding Normen S. 1045 f.

[18]) Sie sagen etwa: Unterschlagungsvorsatz ist der auf Zueignung gerichtete Wille, verbunden mit dem Bewußtsein, daß die Sache im Eigentum eines anderen stehe und daß die Zueignung rechtswidrig sei. So oder ähnlich z. B.: Hälschner S. 357; Gleispach S. 91; Niethammer S. 253; Frank zu § 246, Anm. IV; Kohlrausch-Lange zu § 246, Anm. V; Schönke zu § 246, Anm. VII.

[19]) So: Merkel IV S. 412; Allfed S. 438; Olshausen 12. Aufl. zu § 246, Anm. 13 a, 11. Aufl. zu § 246, Anm. 19.

[20]) Die darin liegende Inkonsequenz rügt mit Recht: Schwarz zu § 246, Anm. 5 B.

[21]) Normen S. 1045 ff.

[22]) Vgl. dazu auch die Ausführungen von Krebs S. 84 f.

eingeschränkt, denn unter dieser Voraussetzung wird man Handlungen, die zwar auf das Zueignen der Sache abzielen, jedoch der Gewahrsamsbegründung vorangehen, als straflose Vorbereitungshandlungen zu betrachten haben [23].

Schließlich besteht ein unmittelbarer Zusammenhang mit einem Problem, dessen Behandlung gerade in jüngerer Zeit der Diskussion um die „berichtigende Auslegung" des § 246 StGB. neuen Auftrieb gegeben hat. Es handelt sich dabei um die Frage, ob Mittäter und mittelbarer Täter einer Unterschlagung nur derjenige sein kann, der selbst Besitz oder Gewahrsam an der Sache z. Zt. der Zueignung schon hat oder wenigstens gleichzeitig mit ihr erlangt, oder ob auch ein nicht in diesem Verhältnis zum Tatobjekt Stehender als Mittäter oder mittelbarer Täter in Betracht kommt. Diese Frage beantworten die Vertreter der „berichtigenden Auslegung" selbstverständlich in dem gleichen Sinne wie beim unmittelbaren Alleintäter, d. h. dahingehend, daß auch hier eine Besitz- oder Gewahrsamsbeziehung des Täters zur Sache nicht notwendig sei [24]. Den anderen gibt der Unterschlagungstatbestand nicht die Möglichkeit, bei Mittäter und mittelbarem Täter, anders als beim unmittelbaren Alleintäter, vom Erfordernis des Besitzes oder Gewahrsams abzusehen. Von zwei Angestellten eines Unternehmens, die in bewußtem und gewolltem Zusammenwirken Sachen ihres Arbeitgebers für eigene Rechnung veräußern, könnte danach nur derjenige, der als Fahrer unmittelbar Gewahrsam an diesen Sachen erlangt, als Täter bestraft werden, während sein Tatgenosse, der auf dem Büro sitzt und durch verdeckende Falschbuchungen seinen Tatbeitrag leistet, lediglich als Gehilfe zu belangen wäre. Dieses Ergebnis ist zum mindesten unerfreulich zu nennen [25]. Einige Entscheidungen weisen allerdings den Versuch auf, unter Hinweis auf die „Nichteigenhändigkeit" der Unterschlagung eine andere Lösung zu finden [26]. Bekanntlich ist zur Begehung eines Deliktes in Täterschaft grundsätzlich nicht die Vornahme der tatbestandsmäßigen Handlung in eigener Person, ja nicht einmal das physische Vermögen, die Handlung selbst auszuführen, erforder-

---

[23]) Vgl.: Binding Normen S. 1045; Bockelmann S. 4. — Allerdings kann hier u. U. die fortschreitende Erweiterung des Versuchsbegriffes, insbes. seine Bestimmung nach dem Gesamtplan des Täters, helfen (vgl. Bockelmann S. 8).

[24]) Vgl. Leipz. Komm. 7. Aufl. zu § 246, Anm. VI; auch Binding Normen S. 1047.

[25]) Insbesondere Binding hat dies hervorgehoben (Normen S. 1047); vgl. auch Bockelmann S. 4, 8.

[26]) BayObLG. GoltdA. 74 S. 312 f. = JW. 1930 S. 2575; OLG. Bremen SJZ. 1950 Sp. 357 ff. = JR. 1950 S. 216; OLG. Nürnberg MDR. 1950 S. 627. — Bockelmann (S. 4) führt diese Entscheidungen fälschlich für die „berichtigende Auslegung" an; er scheint die ihnen zugrunde liegende besondere Deduktion aus der „Nichteigenhändigkeit" der Unterschlagung nicht erkannt zu haben (s. dazu unten S. 10 Anm. 21).

lich [27]). Von diesem Grundsatz sind nur die sog. „eigenhändigen Delikte“ ausgenommmen, d. h. solche, deren Unrechtsgehalt nur derjenige erfüllt, der die tatbestandsmäßige Handlung in eigener Person vornimmt [28]). Zu dieser besonderen Art von Delikten gehört die Unterschlagung zweifellos nicht [29]). Daraus wird nun in den angeführten Entscheidungen gefolgert, daß zur Mittäterschaft bei der Unterschlagung das Vorliegen des Besitz- oder Gewahrsamsverhältnisses in der Person nur eines der Mittäter genüge, eben weil der Tatbestand nicht notwendig durch jeden der Mittäter voll erfüllt sein müsse. Diese Folgerung ist unzutreffend. Das Besitz- oder Gewahrsamsverhältnis ist nämlich — jedenfalls nach der engen Auffassung, von der diese Entscheidungen ausgehen — nicht ein Teil der für die Unterschlagung tatbestandsmäßigen Handlung, sondern eine daneben erforderte besondere Beziehung des Täters zur Sache. Mithin enthält die Feststellung, die Unterschlagung gehöre nicht zu den „eigenhändigen Delikten“, überhaupt nicht eine Aussage darüber, daß das Vorliegen des Besitz- oder Gewahrsamsverhältnisses in der Person eines der Mittäter für die Täterschaft des anderen genüge; sie besagt vielmehr lediglich, daß ein Sichergänzen in der Ausführung der Zueignungshandlung in Betracht kommt, nicht aber auch, daß die erforderte besondere Beziehung zwischen Täter und Tatobjekt in solcher Weise ersetzt werden könne [30]). Insoweit ist also die Frage: eigenhändig oder nicht, fehl am Platze [31]). — Diejenigen, die zur unmittelbaren Alleintäterschaft Besitz oder Gewahrsam auf seiten des Täters fordern, werden dies sonach auch beim Mittäter und beim mittelbaren Täter tun müssen [32]).

---

[27]) Vgl. z. B. RGSt. 63/101 (102f.) = Recht 1929 Nr. 1126.

[28]) Vgl. dazu insbes.: Olshausen 12. Aufl. vor § 47, Bem. 19b; Kohlrausch-Lange vor § 47, Bem. I B 5.

[29]) Man denke an folgenden Sachverhalt: A, der seinen Freund B um die leihweise Überlassung eines Buches gebeten hat, beauftragt seinen (gutgläubigen) Angestellten C, das Buch, wenn es demnächst von B geschickt werde, dem D zum Kauf anzubieten. Hier ist die für die Unterschlagung tatbestandsmäßige Zueignungshandlung in dem Verkaufsangebot des C (im Namen des A) an den D zu sehen; als Zueignungstäter, und zwar als mittelbarer, kommt jedoch nur A in Betracht, für den C als Werkzeug handelt.

[30]) So mit Recht: Busch Sp. 360; RG. DRZ. 1933 Nr. 191; OGHSt. 1/253 (259); BGHSt. 2/317 (320) = JZ. 1952 S. 629 (630) = NJW. 1952 S. 796 (797) = LM. Nr. 2 zu § 246 StGB.

[31]) Es kann hier höchstens die Frage aufgeworfen werden, ob die Unterschlagung aufgrund ihrer Tatbestandscharakteristik den sog. „Sonderdelikten“ zuzurechnen ist, d. h. denjenigen Tatbeständen, für deren Verwirklichung in Täterschaft von vornherein nur ein beschränkter Personenkreis in Betracht kommt, nämlich nur solche Personen, die in einem bestimmten äußeren Verhältnis stehen (vgl. dazu insbes. Olshausen 12. Aufl. vor § 47, Bem. 19a, zu § 47, Anm. 11).

[32]) Folgerichtig u. a.: Niethammer S. 253; Frank zu § 246, Anm. II 3; Olshausen 12. Aufl. zu § 246, Anm. 17a; Leipz. Komm. 4. Aufl. zu § 246, Anm. 9; Kohlrausch-Lange zu § 246 Anm. II; Schönke zu § 246, Anm. IX;

IV. Die Behandlung des Problems.

Ausgehend von der Erkenntnis, daß das den Gegenstand der Untersuchung bildende Problem in der Frage seinen Ausdruck findet, ob der Unterschlagungstatbestand den gesamten Bereich der Zueignung fremder beweglicher Sachen, soweit er nicht dem Diebstahlstatbestand unterfällt, erfaßt oder ob er durch den Satzteil „die er in Besitz oder Gewahrsam hat" auf einen Ausschnitt aus diesem Gebiet beschränkt ist, werden zuerst die zu dieser Frage in Literatur und Rechtsprechung vertretenen Auffassungen, die oben nur skizziert werden konnten, auseinandergelegt und an Hand einiger Beispiele erläutert werden. Die Darstellung wird dabei zwischen denjenigen Auffassungen, die Besitz oder Gewahrsam zur Unterschlagung positiv erfordern, und der „berichtigenden Auslegung" des § 246 StGB., die als einzige von der positiven Bedeutung dieser Merkmale absieht, unterscheiden. Die Erläuterung der Ergebnisse soll im Interesse größtmöglicher Klarheit auf wenige Beispiele beschränkt bleiben.

Im Anschluß daran wird eine genaue Analyse des maßgebenden Inhaltes der Unterschlagungsvorschrift, also ihre „Auslegung", eine kritische Stellungnahme zu den dargestellten Auffassungen und zugleich die Entwicklung der eigenen Lösung des Problems erlauben. Im Rahmen dieses Abschnittes wird auch die Auswirkung des gewonnenen Ergebnisses auf die oben erwähnten Nebenprobleme kurz behandelt werden.

Der Schlußbetrachtung bleibt ein Hinweis auf die zweckmäßige Gestaltung des Unterschlagungstatbestandes im zukünftigen Strafrecht vorbehalten.

Bockelmann S. 8; RGSt. 53/162 (163), 60/90, 72/326 (327); RG. GoltdA. 45 S. 431; OLG. Hessen HESt. 1/233 (236); ferner die oben in Anm. 30 aufgeführten Entscheidungen des RG., des OGH. und des BGH.

B. Die vertretenen Ansichten und ihre Ergebnisse.

I. Diejenigen Auffassungen, die Besitz oder Gewahrsam zur Unterschlagung erfordern.

Den hier zu behandelnden Auffassungen ist gemeinsam, daß sie den Satzteil „die er in Besitz oder Gewahrsam hat“ im Wortlaut des § 246 StGB. in dieser seiner positiven Form als ein Tatbestandsmerkmal der Unterschlagung ansehen, daß sie also die Erfüllung des Unterschlagungstatbestandes nur dort annehmen, wo sich die Zueignung mit Besitz oder Gewahrsam an der Sache auf seiten des Zueignungstäters paart.

Im Schrifttum gehen von einer solchen Bedeutung des Besitz-Gewahrsams-Merkmals innerhalb des Unterschlagungstatbestandes insbesondere die Folgenden aus:

Hälschner[1]), Merkel[2]), Allfeld[3]), Gleispach[4]), v. Liszt-Schmidt[5]), Gerland[6]), v. Hippel[7]), Schmidt[8]), Niethammer[9]), Oppenhoff[10]), Frank[11]), Olshausen[12]), Kohlrausch-Lange[13]), Lobe[14]), Schönke[15]), Sauer[16]), Mayer[17]) und Bockelmann[18])[19]).

---

1) S. 348.

2) IV S. 412.

3) S. 431, 436.

4) S. 7f.

5) S. 639.

6) S. 605. — Gerland wird verschiedentlich (so von Welzel Strafr. S. 163 und im Leipz. Komm. 7. Aufl. zu § 246, Anm. II 2) zu Unrecht für die „berichtigende Auslegung“ in Anspruch genommen. Die Zitierung Bindings (in Anm. 6 a. a. O.), auf der dieser Trugschluß offenbar beruht, bezieht sich, wie aus der Mitzitierung von Allfeld und v. Liszt hervorgeht, nur auf die Feststellung, an die sie unmittelbar anschließt, daß nämlich der „sog. Funddiebstahl“ immer eine Unterschlagung darstelle. Den übrigen Äußerungen Gerlands (a. a. O.) ist klar zu entnehmen, daß er den Gewahrsam des Täters positiv erfordert.

7) S. 249. — Auch v. Hippel wird im Leipz. Komm. (7. Aufl. zu § 246, Anm. II 2) und von Bockelmann (S. 4) irrtümlich als Vertreter der „berichtigenden Auslegung“ bezeichnet; er zitiert Binding (in Anm. 3 a. a. O.) jedoch auch nur in dem gleichen Sinne wie Gerland (siehe oben Anm. 6).

8) Grdr. S. 234f.

9) S. 251.

10) Zu § 246, Anm. 24 u. 29.

11) Zu § 246, Anm. II 3.

12) 12. Aufl. zu § 246, Anm. 5a, 11. Aufl zu § 246, Anm. 8a.

13) § 246, Anm. II.

14) Leipz. Komm. 4. Aufl. zu § 246, Anm. 1. — Lobe wird von Bockelmann (S. 4) zu Unrecht als ein Vertreter der „berichtigenden Auslegung“ angesehen. Zwar hält Lobe mit Binding und anderen die Fassung des § 246 StGB. für verfehlt, stellt aber ausdrücklich als eine Voraussetzung der Un-

In der Rechtsprechung besteht, soweit ersichtlich, Einmütigkeit über die positive Bedeutung des Besitz-Gewahrsams-Merkmals im Unterschlagungstatbestand; es ist jedenfalls nicht eine einzige Entscheidung oberer Gerichte bekannt geworden, die zur Bestrafung wegen Unterschlagung auf das Vorhandensein von Besitz oder Gewahrsam in der Person des Täters, bei Mittäterschaft wenigstens eines der Mittäter, verzichtet hätte [20]) [21]).

---

terschlagung fest (a. a. O.), daß sie in jedem Falle „Besitz oder Gewahrsam neben der Zueignung" erfordere. Vgl. im übrigen seine Stellungnahme zur Mittäterschaft (a. a. O. Anm. 9).

[15]) Zu § 246, Anm. IV 3 — Auch Schönke vertritt — entgegen der Zitierung im Leipz. Komm. (7. Aufl. zu § 246, Anm. II 2) und bei Bockelmann (S. 4) — nicht die „berichtigende Auslegung" in dem hier gemeinten Sinne (siehe oben S. 2 Anm. 4); er will lediglich — wenn er dieses Verfahren auch die „berichtigende Auslegung" nennt — die Gleichzeitigkeit von Gewahrsamsbegründung und Zueignung zulassen, was klar aus seinen Worten (a. a. O.) sowie aus seiner Stellungnahme zur Mittäterschaft (a. a. O. Anm. IX) ersichtlich ist.

[16]) Zueign. S. 289, 294.

[17]) Anm. S. 486.

[18]) S. 7.

[19]) Ebenso ferner: Höpfner S. 123; Köhler; Bührer S. 439; Werner; Mühlmann-Bommel zu § 246, Anm. 4. — Auch Rotering ist — entgegen der Meinung Bindings (Normen S. 1045) und Bockelmanns (S. 4) — hierher zu zählen, denn er sagt ausdrücklich (S. 244f.), daß Unterschlagung nicht vorliege, wenn der Täter die Sache nicht in eigenem Besitz oder Gewahrsam hat. — Unklar ist der Standpunkt Wachenfelds (S. 384f.). Er bezeichnet zwar die Unterschlagung als das mildere Ergänzungsdelikt zum Diebstahl, das so weit reiche, als kein Diebstahl vorliege (S. 384), beschränkt aber die Folgerungen aus dieser Feststellung auf den Fall der Fundaneignung und führt auf S. 385 aus, daß zur Unterschlagung niemand anders als der Täter selbst die Sache „z. Zt. der Tat in seiner Herrschaft haben müsse"; dabei läßt er offen, ob er dieses ausschließliche Herrschaftsverhältnis nur in den Begriffen „Besitz" und „Gewahrsam" verkörpert sieht oder ob er das Erfordernis der Herrschaftsbeziehung aus dem Zueignungsbegriff schöpft; im ersteren Falle wäre Wachenfeld den hier Genannten zuzurechnen.

[20]) So mit Recht OLG. Bremen SJZ. 1950 Sp. 357 (358) (= JR. 1950 S. 216) unter Zustimmung von Busch (Sp. 360). Ausdrücklich für die positive Bedeutung des Besitz-Gewahrsams-Merkmals und gegen die „berichtigende Auslegung" sprechen sich insbes. die Entscheidungen RGSt. 19/38 (39f.) und BGHSt. 2/317 (318f.) = JZ. 1952 S. 629f. = NJW. 1952 S. 796f. = LM. Nr. 2 zu § 246 StGB. aus.

[21]) Zu den von Bockelmann (S. 4) für die „berichtigende Auslegung" zitierten Entscheidungen ist folgendes zu bemerken: Die Entscheidungen des RG. in RGSt. 49/194 (198), 67/70 (77), Recht 1927 Nr. 752 (die identisch ist mit der in DRZ. 1927 Nr. 238) und JW. 1934 S. 486f. und des OLG. Bremen in MDR. 1948 S. 260 (261) befassen sich ausschließlich mit dem Fall der Gleichzeitigkeit von Zueignung und Gewahrsamserlangung, nicht aber mit der „berichtigenden Auslegung" in dem hier gemeinten Sinne (siehe oben S. 2 Anm. 4). — Die Entscheidungen des OLG. Bremen in SJZ. 1950 Sp. 357ff., des BayObLG. in GoltdA. 74 S. 312f. (= JW. 1930 S. 2575) und des OLG. Nürnberg in MDR. 1950 S. 627 sprechen lediglich aus, daß bei Mittäterschaft Besitz oder Gewahrsam nur in der Person eines der Mittäter vorzuliegen brauche; sie erfordern also dieses Verhältnis positiv, nur

Die hier Genannten haben sich mit dem Satzteil „die er in Besitz oder Gewahrsam hat“ in zweifacher Hinsicht auseinanderzusetzen: einmal müssen sie den Inhalt der Begriffe „Besitz“ und „Gewahrsam“ ergründen, und zum anderen haben sie das Verhältnis, in welches der genannte Satzteil die Begründung der Besitz- oder Gewahrsamsbeziehung zur Zueignung als der tatbestandsmäßigen Handlung setzt, zu bestimmen. Beide Fragen, die nach den Begriffen „Besitz“ und „Gewahrsam“ und die nach dem Verhältnis der Besitz- oder Gewahrsamserlangung zur Zueignung, können — auf der Grundlage der positiven Bedeutung des zitierten Satzteiles — unabhängig voneinander gestellt und gelöst werden. Dementsprechend teilt sich die Darstellung in zwei Abschnitte, nämlich in denjenigen, der die Versuche zur Inhaltsbestimmung der Begriffe „Besitz“ und „Gewahrsam“ aufzeigt, und in denjenigen, in dem die Ansichten über das zeitliche Verhältnis zwischen Besitz- oder Gewahrsamsbegründung und Zueignung vorgeführt werden.

1. Die Auslegung der Begriffe „Besitz“ und „Gewahrsam“.

Die Verwendung der Begriffe „Besitz“ und „Gewahrsam“ nebeneinander muß den unbefangenen Leser zu der Annahme verleiten, daß jeder der Begriffe etwas anderes bezeichne. Eine solche Auslegung des § 246 StGB. ist auch vor 1900, d. h. vor dem Inkrafttreten des Bürgerlichen Gesetzbuches, vereinzelt vertreten worden, und zwar mit Rücksicht auf die damals in einigen Landeszivilrechten durchgeführte Unterscheidung zwischen juristischem Besitz (der „possessio“ des römischen Rechtes) und Gewahrsam im Sinne tatsächlicher Innehabung der Sache („detentio“) [22]). Spätestens mit der Einführung des einheitlichen bürgerlichen Rechtes, dem der Begriff des Gewahrsams fremd ist, sind diese Stimmen jedoch verstummt. Mithin ist heute eine völlige Übereinstimmung aller maßgeblichen Ansichten darin festzustellen, daß mit den Begriffen „Besitz“ und „Gewahr-

---

mit der Besonderheit, daß sie glauben, bei der Mittäterschaft sei dem positiven Erfordernis schon dann Genüge getan, wenn wenigstens ein Mittäter Besitz oder Gewahrsam an der Sache hat. Demnach ist nicht davon zu reden, daß — wie Bockelmann a. a. O. meint — diese Feststellung die „berichtigende Auslegung“ voraussetze; im Gegenteil, sie verneint sie geradezu (vgl. zu Vorstehendem die Ausführungen oben S. 6f.). — Schließlich verlangen die Entscheidungen RMG. 2/171 (175) und 9/158 (159) eindeutig positiv die der Zueignung vorausgehende Gewahrsamsbegründung, hängen damit also der überhaupt engsten Auffassung an. — Bockelmann hat sonach keine der von ihm für die „berichtigende Auslegung“ zitierten Entscheidungen zutreffend gedeutet. — Die Entscheidung RGSt. 49/194 ist auch bei Mezger Stdb. II S. 120, die des OLG. Bremen in MDR. 1948 S. 260 und die des gleichen Gerichts in SJZ. 1950 Sp. 357 sind ebenso im Leipz. Komm. 7. Aufl. zu § 246, Anm. II 2, falsch bezogen.

[22]) Goltdammer S. 501; RGSt. 6/117 (118). Vgl. dazu: v. Hippel S. 239; Oppenhoff zu § 246, Anm. 24; Siebert S. 28.

sam" nichts Verschiedenes, sondern nur ein einziges Verhältnis des Täters zur Sache gemeint sei[23]).

Die Meinungen gehen allerdings auseinander bei der Frage, was man unter diesem Besitz-Gewahrsams-Verhältnis zu verstehen habe. Dabei läßt sich im großen — für den hier verfolgten Zweck genügend — eine Einteilung in zwei Gruppen vornehmen: die eine Gruppe umfaßt diejenigen, die das Besitz-Gewahrsams-Verhältnis ganz oder doch wenigstens im Ergebnis spezifisch strafrechtlich bestimmen, während der anderen Gruppe diejenigen angehören, welche von der Identität zwischen diesem Verhältnis und dem zivilrechtlichen Besitz ausgehen.

Die erstgenannte Gruppe ist die weitaus stärkere. Den in ihr zusammengefaßten Meinungen ist bei allen Differenzierungen im einzelnen gemeinsam, daß für sie die Begriffe „Besitz" und „Gewahrsam" ein (jedenfalls im Ergebnis) von den zivilrechtlichen Besitzverhältnissen unabhängiges Herrschaftsverhältnis tatsächlicher Art bezeichnen. Eine Auslese aus den maßgeblichen Meinungsäußerungen mag dies verdeutlichen:

Nach Allfeld[24]) sind Besitz und Gewahrsam dasjenige Verhältnis einer Person zu einer Sache, „wonach die Person willens und imstande ist, über die Sache mit Ausschluß anderer zu verfügen".

Frank[25]) versteht unter Besitz und Gewahrsam „die tatsächliche Beziehung einer Person zu einer Sache, vermöge deren die Person ihren Herrschaftswillen über die Sache in einer der Gewohnheit des täglichen Lebens entsprechenden Weise unmittelbar zu betätigen vermag".

Bei Olshausen[26]) sind Besitz und Gewahrsam definiert als „ein tatsächliches Verhältnis, das dem Inhaber die Herrschaft gibt, unter Ausschließung anderer auf die Sache einzuwirken und über sie zu bestimmen". Dieses Verhältnis wird dahingehend erläutert, daß die Sache „nach natürlicher Auffassung" als von der betreffenden Person „beherrscht erscheinen" müsse, wobei die Herrschaftsbeziehung „räumlicher oder wirtschaftlicher Art" sein könne.

Kohlrausch-Lange[27]) bezeichnen als Besitz und Gewahrsam „ein tatsächliches Herrschaftsverhältnis, bei dem der Verwirklichung

---

[23]) So u. a.: Frank zu § 246, Anm. II 3; Allfeld S. 434; Olshausen 12. Aufl. zu § 246, Anm. 5b, 11. Aufl. zu § 246, Anm. 8b; Leipz. Komm. 4. Aufl. zu § 246, Anm. 1; Kohlrausch-Lange zu § 246, Anm. II; Schönke zu § 246, Anm. IV 1; Wachenfeld S. 385; Gerland S. 605; RGSt. 37/198 (200). Vgl. Siebert S. 3, 28. Im gleichen Sinne äußern sich, obwohl sie nicht von einer positiven Bedeutung des Besitz-Gewahrsams-Merkmals ausgehen, auch: Binding Lhb. S. 286; Leipz. Komm. 7. Aufl. zu § 246, Anm. II 2, vor § 242, Anm. X 1; Welzel Strafr. S. 163; Maurach S. 189.

[24]) S. 434 f.

[25]) Zu § 246, Anm. II 3, zu § 242, Anm. IV.

[26]) 12. Aufl. zu § 246, Anm. 5b, zu § 242, Anm. 13a.

[27]) Zu § 246, Anm. II, zu § 242, Anm. II 1.

des Herrschaftswillens keine tatsächlichen Hindernisse entgegenstehen".

Schönke[28]) versteht unter Besitz und Gewahrsam schlicht „ein tatsächliches Herrschaftsverhältnis, das von einem Herrschaftswillen getragen ist".

Zahlreiche Schriftsteller, u. a. Hälschner[29]), Gleispach[30]), Gerland[31]), Lobe[32]) und Niethammer[33]) geben weitgehend ähnliche Begriffsbestimmungen[34]).

Auch die Rechtsprechung stimmt im wesentlichen damit überein:

Nach RGSt. 5/42 (43) sind Besitz und Gewahrsam „das physische Vermögen ausschließlicher tatsächlicher Herrschaftsausübung hinsichtlich des betreffenden Gegenstandes".

In der Entscheidung RGSt. 37/198, die sich insbesondere mit dem Verhältnis des strafrechtlichen Gewahrsams zum zivilrechtlichen Besitz befaßt, wird als strafrechtlicher Gewahrsam das „Inhaben" der Sache im Sinne des „physischen Vermögens tatsächlicher Herrschaftsausübung, einer tatsächlichen Verfügungsgewalt" bezeichnet (a. a. O. S. 200).

Ebenso ist nach RGSt. 58/228 (229) Besitz oder Gewahrsam im Sinne des StGB. „überall abhängig von dem wirklichen Bestehen einer tatsächlichen Herrschaft über die Sache"[35]).

Während die bisher Angeführten jede maßgebliche Bedeutung des zivilrechtlichen Besitzbegriffes für das strafrechtliche Besitz-Gewahrsams-Verhältnis leugnen, suchen einige Schriftsteller eine gewisse Verbindung zwischen beiden herzustellen:

Nach v. Liszt-Schmidt[36]) deckt sich der Begriff des strafrechtlichen Gewahrsams mit der Begriffsbestimmung des Besitzes in § 854 BGB. Ihre Definition lautet: „Gewahrsam ist tatsächliche Gewalt, d. h. die vom Herrscherwillen getragene tatsächliche Herrschaft über die Sache, also die Möglichkeit, mit Ausschluß anderer auf sie einzuwirken, die Verfügungsgewalt, verbunden mit dem erkennbaren

---

[28]) Zu § 246, Anm. IV 1, zu § 242, Anm. V.
[29]) S. 348.
[30]) S. 8.
[31]) S. 605.
[32]) Leipz. Komm. 4. Aufl. zu § 242, Anm. I 2. Dabei bleibt allerdings unklar, ob die Begriffsbestimmung auch für den Unterschlagungstatbestand gelten soll.
[33]) S. 251, 232.
[34]) Vgl. im übrigen die Übersichten bei Siebert S. 19 und Zuckermann S. 6ff. — Nicht berücksichtigt sind hier die Vertreter der „berichtigenden Auslegung", da sie Besitz oder Gewahrsam zur Unterschlagung nicht erfordern, ihre Begriffsbestimmung also höchstens für den Diebstahl Geltung beanspruchen kann.
[35]) Vgl. ferner: RGSt. 5/4 (5), 34/374 (376); OGHSt. 1/253 (258); sowie die Übersichten bei Siebert S. 17, 18 und Zuckermann S. 6ff.
[36]) S. 639, 613f.

Willen, die eigene Herrschaft unter Ausschluß anderer geltend zu machen".

Auch v. Hippel [37]) ist der Auffassung, daß der Begriff des strafrechtlichen Besitzes sich grundsätzlich nach bürgerlichem Recht bestimme und deshalb als „die tatsächliche Gewalt über die Sache, über deren Vorliegen und Wechsel im Einzelfall verständige Verkehrsauffassung und juristische Auslegung entscheiden", zu bezeichnen sei.

Im Ergebnis stimmen sowohl v. Liszt-Schmidt als auch v. Hippel mit der rein strafrechtlichen Auffassung überein, denn sie nehmen, weil es sich um „künstliche, dogmatische Sonderregelungen für eigenartige Zwecke zivilrechtlichen Schutzes" [38]) handele, die Einrichtungen der Besitzdienerschaft (§ 855 BGB.), des Erbenbesitzes (§ 857 BGB.) und des mittelbaren Besitzes (§ 868 BGB.) sowie die sonstigen Fälle, in denen das Zivilrecht Besitzschutz gewährt, von der Anwendung auf das Strafrecht aus und wollen nach den tatsächlichen Umständen des Einzelfalles bestimmen, ob der Besitzdiener und der mittelbare Besitzer Gewahrsam haben oder nicht.

Ähnlich äußert sich auch R. Schmidt. Von seinem bei der Einführung des BGB. dargelegten Standpunkte aus, daß eine etwaige Übereinstimmmung zwischen dem Besitzbegriff in einem zivilrechtlichen und in einem strafrechtlichen Tatbestand jeweils des Nachweises aus den Grundgedanken beider Rechtssätze bedürfe [39]), stellt er in seinem Grundriß (S. 236) bei der Behandlung der §§ 242ff. StGB. fest, daß der zivilrechtliche Besitz und der Gewahrsam im Sinne dieser Vorschriften „in ihrem Kern identisch" seien, denn beide stellten „das sozial als schutzwürdig erkannte Verhältnis der Persönlichkeit zu den Sachgütern ihres äußeren Machtkreises dar". Aber ebenso wie Goldschmidt [40]), der es für zulässig hält, „den bürgerlich-rechtlichen Besitzbegriff des BGB. zur Erläuterung des strafrechtlichen Gewahrsams heranzuziehen", beschränkt er die Folgerungen aus seiner Auffassung auf den unmittelbaren Besitz (§ 854 BGB.) und scheidet den mittelbaren Besitz wie den Erbenbesitz als für strafrechtliche Zwecke nicht verwendbar aus.

Für alle zuvor Genannten läßt sich zusammenfassend feststellen, daß sie das tatsächliche unmittelbare Innehaben der Sache, ihre Beherrschung unter Ausschließung anderer als das wesentliche Merkmal des strafrechtlichen Besitz-Gewahrsams-Verhältnisses ansehen [41]). Da-

---

[37]) S. 237ff.

[38]) v. Hippel S. 238.

[39]) Einfl. S. 149.

[40]) S. 352.

[41]) Überwiegend wird dieses tatsächliche unmittelbare Innehaben der Sache — zum Unterschied vom zivilrechtlichen „Besitz" — als „Gewahrsam" bezeichnet (so z. B. von: Allfeld S. 434f.; v. Liszt-Schmidt S. 639, 613f.; Schmidt Grdr. S. 236; Niethammer S. 232; Frank zu § 246, Anm. II 3, zu § 242, Anm. IV; Olshausen 12. Aufl. zu § 246, Anm. 5b, zu § 242, Anm.

bei wird, wie in verschiedenen Definitionen schon zum Ausdruck gebracht ist, allgemein gelehrt, daß die Frage, wann ein solches Verhältnis vorliegt, nach den Erfahrungen und Gewohnheiten des täglichen Lebens und verständiger Verkehrsauffassung zu beurteilen sei [42].

Eine gewisse Sonderstellung nimmt Oppenhoff ein. Auch er will zur Bestimmung des Besitz-Gewahrsams-Verhältnisses nicht auf zivilrechtliche Gesichtspunkte zurückgreifen; er erkennt aber unter Berufung auf die — allerdings von einer zivilrechtlichen Begriffsbestimmung ausgehende — Entscheidung RGSt. 6/117 (118) demjenigen (mittelbaren) Gewahrsam zu, für den ein anderer eine Sache unmittelbar inne hat, so z. B. dem Verpfänder, der das Pfandobjekt mit der Pfandbestellung aus der Hand gegeben hat [43]. Mit dieser Auffassung steht Oppenhoff, soweit ersichtlich, allein; das RG. hat später einen „mittelbaren Gewahrsam“ nicht mehr anerkannt [44].

Während also — so weit reichen die bisher angestellten Untersuchungen — bezüglich der objektiven Voraussetzungen des Besitz-Gewahrsams-Verhältnisses innerhalb derjenigen Ansichten, die zu einer spezifisch strafrechtlichen Begriffsbestimmung gelangen, eine weitgehende, wenn auch nur im praktischen Ergebnis vorhandene Übereinstimmung festzustellen ist, herrscht lebhafter Streit über die subjektiven Voraussetzungen des strafrechtlichen Besitzes und Gewahrsams. Dabei geht es um die Frage, ob zur Begründung und zur Aufrechterhaltung dieses Verhältnisses ein Herrschaftswille erforderlich ist oder nicht [45]. Dieser Streit kann im Rahmen dieser Arbeit unerörtert bleiben. Es gilt hier, wie eingangs ausgeführt, die bisher in Wissenschaft und Praxis eingehaltenen Grenzen der Auslegung des Besitz-Gewahrsams-Begriffes aufzuzeigen, um festzustellen, inwieweit diese Begriffsbestimmung zu einer Beschränkung des Unterschlagungstatbestandes führt. Nun können zwar subjektive Voraussetzungen, wenn sie erfordert werden, den Gewahrsamsbegriff gegenüber seinem oben erörterten objektiven Erscheinungsbild weiter einengen; für die hier

---

13, 14a; Kohlrausch-Lange zu § 246, Anm. II, zu § 242, Anm. II; Schönke zu § 246, Anm. IV, zu § 242, Anm. V; RGSt. 34/374 (376), 52/143 (145). 58/228 (229); ferner von: Bührer S. 436; Goldschmidt S. 352; Siebert S. 3; Micelli S. 44ff.; vgl. auch: Maurach S. 189, 159f.; Leipz. Komm. 7. Aufl. vor § 242, Bem. X 1); nur wenige sprechen von „strafrechtlichem Besitz“ (z. B.: Hälschner S. 348; Leipz. Komm. 4. Aufl. zu § 242, Anm. I 2; vgl. auch Binding Normen S. 1036).

[42]) Vgl. dazu: Olshausen 12. Aufl. zu § 242, Anm. 13a; Kohlrausch-Lange zu § 242, Anm. II 1; Schönke zu § 242, Anm. V 2; v. Hippel S. 237; v. Liszt-Schmidt S. 614; Welzel Strafr. S. 155; RGSt. 50/46 (48).

[43]) Oppenhoff zu § 246, Anm. 24. Vgl. dazu Siebert S. 28.

[44]) So bereits RGSt. 16/241 (242f.); vgl. ferner: RG. JR. 1926 Rspr. Nr. 527 = Recht 1926 Nr. 333; RG. JW. 1937 S. 1334.

[45]) Vgl. dazu: Siebert S. 48ff.; Zuckermann S. 6ff.; auch: Frank zu § 242, Anm. IV; Schönke zu § 242, Anm. V 1.

anzustellende Untersuchung wirkt sich diese mögliche Einengung jedoch nicht aus, weil der Herrschaftswille bezüglich der Sache auch ein Bestandteil der Zueignung ist, es in den Fällen, in denen er fehlt, also bereits an einem Erfordernis der Zueignung mangelt.

Bisher wurde nur die erste der beiden oben erwähnten Gruppen, nämlich diejenige, in der die Vertreter einer (jedenfalls im Ergebnis) spezifisch strafrechtlichen Beurteilung des Besitz-Gewahrsams-Verhältnisses zusammengefaßt sind, betrachtet. Die zweite, weit schwächere Gruppe bilden diejenigen, die den strafrechtlichen Besitz-Gewahrsams-Begriff für völlig identisch mit dem zivilrechtlichen Besitzbegriff halten. Ihr Hauptvertreter ist Redslob. Aufgrund einer eingehenden Untersuchung, in welcher er den Gewahrsam als ein „Achtungsverhältnis" erkennt, „welches sich an eine faktische Gewaltausübung anknüpft und kraft dessen jemandem die Herrschaft über die Sache gewährleistet wird" [46]), kommt er zu dem Ergebnis, „daß der strafrechtliche Gewahrsam und der zivilrechtliche Besitz sich ihrem ganzen Umfang nach decken" und daß demnach der Besitzdiener nie, der mittelbare Besitzer und der Besitzer nach § 857 BGB. aber immer auch Gewahrsamsinhaber im Sinne des Strafrechtes seien [47]) [48]).

Die Ergebnisse der verschiedenen Auffassungen über den Bedeutungsinhalt der Begriffe „Besitz" und „Gewahrsam" werden bei der Betrachtung des folgenden Beispieles sichtbar:

> A, der für C eine Uhr zu verwahren, diese jedoch an seinen Freund B ausgeliehen hat, veräußert letzterem (der A für den Eigentümer hält) die Uhr „brevi manu" (§ 929 S. 2 BGB.).

Daran, daß das Verhalten des A eine Zueignung ist, dürften Zweifel weder vom Standpunkt der sog. formalen oder Sachsubstanztheorie noch von demjenigen der sog. Sachwerttheorie aus geltend gemacht werden können: A maßt sich unter vollständiger Verdrängung des Eigentümers C die eigentumsgleiche Herrschaft über die Sache an und verfügt über sie, wie es an sich nur der Eigentümer tun dürfte — darin liegt die Zueignung im Sinne der formalen Theorie [49]); zugleich überführt er die Uhr ihrem wirtschaftlichen Wert nach aus dem Vermögen des Eigentümers in das eigene wirtschaftliche Vermögen — damit ist auch der Zueignungsbegriff der Sachwerttheorie erfüllt [50]). Dementsprechend wird ein solches Verhalten allgemein als Zueignung angesehen [51]).

---

[46]) Redslob S. 214.

[47]) Redslob S. 223.

[48]) Im Ergebnis ebenso: Bekker S. 64ff.; Finger S. 579ff. (unter teilweiser Ausnehmung des mittelbaren Besitzers, S. 582); ferner Stenglein nach der Zitierung bei Redslob S. 207.

[49]) Vgl. dazu Leipz. Komm. 7. Aufl. vor § 242, Bem. III 1.

[50]) Vgl. dazu Frank zu § 242, Anm. VII 2a.

[51]) Binding Lhb. S. 275; Rotering S. 244; Köhler; Leipz. Komm. 7. Aufl. zu § 246, Anm. II 2; Bockelmann S. 4; RGSt. 6/117 (118), 16/241 (242).

Für diejenige Auffassung, die unter dem Besitz-Gewahrsams-Verhältnis das tatsächliche unmittelbare Innehaben der Sache versteht — und von ihr werden, wie gezeigt, Wissenschaft und Praxis fast vollständig beherrscht —, ist in dem Beispielsfall die Handlung des nur mittelbaren Besitzers A nicht als Unterschlagung und damit überhaupt nicht unter dem Gesichtspunkt der Eigentumsverletzung zu erfassen, denn von einer tatsächlichen unmittelbaren Herrschaft des A über die Sache kann nicht die Rede sein [52]).

Dieses Ergebnis, welches aus der Beschränkung des Gewahrsamsbegriffs auf das unmittelbare Innehaben der Sache folgt, scheint die von einigen vertretene zivilrechtliche Betrachtungsweise des strafrechtlichen Besitzes und Gewahrsams zu vermeiden. In der Tat würde sie im vorliegenden Falle die Handlung des A als Unterschlagung bezeichnen, weil A zivilrechtlich (mittelbaren) Besitz an der veräußerten Uhr hatte. Die Schwäche auch dieser Betrachtungsweise wird jedoch sogleich offenbar, wenn der Beispielsfall dahin abgewandelt wird, daß B während der geschilderten Vorgänge aus einem der in § 104 BGB. aufgeführten Gründe geschäftsunfähig war. Unstreitig ist dann ein Besitzmittlungsverhältnis zwischen A und B nicht zustande gekommen, weil die Herstellung eines solchen zwar nicht ein voll wirksames Rechtsgeschäft, wohl aber einen rechtsgeschäftlich beachtlichen Willen auf beiden Seiten voraussetzt [53]). Nun könnte, obwohl die tatsächlichen Verhältnisse die gleichen geblieben sind und auch eine andere Beurteilung der Handlungsweise des A durch nichts gerechtfertigt erscheint, auch die zivilrechtliche Auffassung des Gewahrsamsverhältnisses das Verhalten des A nicht mehr als Unterschlagung werten.

Zur Bestrafung wegen Unterschlagung dürfte in beiden Abwandlungen des Beispielsfalles nur Oppenhoff von seinem oben [54]) mitgeteilten Standpunkt aus gelangen. Auch seine Definition der von ihm zur Unterschlagung erforderten Gewahrsamsbeziehung des Täters zur Sache ist jedoch nicht geeignet, jeden denkbaren Fall der rechtswidrigen Zueignung einer fremden beweglichen Sache im Unterschlagungstatbestand zu erfassen, wie das folgende Beispiel zeigt:

> A, der zusammen mit B Erbe des C ist, veräußert, als er vom Tod des C erfährt, fernmündlich an den Stubengenossen desselben ein zum Nachlaß gehörendes Bild in der Absicht, den Kaufpreis für sich zu behalten.

---

[52]) Wenn das RG. in einigen ähnlichen Fällen gleichwohl Unterschlagung angenommen hat (z. B.: RG. JR. 1926 Rspr. Nr. 527 = Recht 1926 Nr. 333; RG. JW. 1937 S. 1334), so nicht aufgrund des mittelbaren Besitzes, sondern einer darüber hinausgehenden tatsächlichen Einwirkungsmöglichkeit auf die Sache.

[53]) RGRK. zu § 868, Anm. 2; Palandt zu § 868, Anm. 2a; RGZ. 98/131 (133).

[54]) S. 15.

Die Handlung des A trägt hier ebenso wie die „brevi-manu"-Veräußerung[55]) alle Merkmale der Zueignung an sich[56]). Sie stellt jedoch nach der Anschauung Oppenhoffs wie für alle, die den strafrechtlichen Besitz und Gewahrsam als ein Verhältnis tatsächlicher Innehabung ansehen[57]), nicht eine Unterschlagung dar.

2. Die Beurteilung des Verhältnisses zwischen der Besitz- oder Gewahrsamsbegründung und der Zueignung.

Bei der Beurteilung des Verhältnisses zwischen der Besitz- oder Gewahrsamsbegründung und der Zueignung ist eine klare Teilung der Meinungen in zwei Lager festzustellen.

Die eine, in der Rechtslehre überwiegend vertretene Auffassung hält sich streng an den Wortlaut des § 246 StGB. und liest aus der Wendung „die er ... hat" das Erfordernis zeitlicher Aufeinanderfolge der Besitz- oder Gewahrsamsbegründung und der Zueignung heraus. Ihre maßgeblichen Vertreter sind:

Hälschner[58]), Merkel[59]), Allfeld[60]), Gleispach[61]), v. Liszt-Schmidt[62]), Gerland[63]), Niethammer[64]), Oppenhoff[65]), Frank[66]), Olshausen[67]), Kohlrausch-Lange[68]), Mayer[69]) und Bockelmann[70])[71]).

Die Rechtsprechung hat sich bis zum Jahre 1915 allgemein[72]), später nur noch vereinzelt[73]) zu dieser Auffassung bekannt.

---

55) Vgl. oben S. 16.

56) Unbestritten kann auch eine nur im Miteigentum des Täters stehende Sache, d. h. der Eigentumsanteil des anderen Miteigentümers, Objekt einer Zueignung sein (Leipz. Komm. 7. Aufl. vor § 242, Bem. II 3d; Kohlrausch-Lange zu § 242, Anm. I 3c; Schönke zu § 242, Anm. IV 3a; in jüngster Zeit der BGH. in seinem Urteil vom 27. 3. 53 — 2 StR. 146/52 —, mitgeteilt in MDR. 1953 S. 402).

57) Für Oppenhoff: zu § 246, Anm. 24.

58) S. 361.

59) III S. 698.

60) S. 436.

61) S. 7.

62) S. 639.

63) S. 605.

64) S. 251.

65) Zu § 246, Anm. 30.

66) Zu § 246, Anm. II 3.

67) 12. Aufl. zu § 246, Anm. 5a.

68) Zu § 246, Anm. II.

69) Anm. S. 486.

70) S. 7.

71) Auch Höpfner (S. 123), Köhler, Bührer (S. 439), Rotering (S. 244) und Mühlmann-Bommel (zu § 246, Anm. 4) sind hier zu nennen.

72) U. a.: RGSt. 5/4 (7), 10/257 (262), 17/59, 19/38 (40), 22/306 (308), 42/420 (421f.); RG. GoltdA. 46 S. 34 (35), LZ. 1915 Sp. 219; RMG. 2/171 (175), 5/103 (104), 9/158 (159f.).

73) RGSt. 53/302 (303) = JW. 1920 S. 293; BayObLG. JR. 1925 Rspr. Nr. 439; anscheinend auch noch einmal der BGH. in NJW. 1953 S. 33 — die

Die andere, der oben dargelegten Ansicht entgegenstehende Auffassung sieht in der Fassung des § 246 StGB. nicht das unbedingte Erfordernis zeitlicher Aufeinanderfolge von Gewahrsamserlangung und Zueignung begründet. Sie legt diese Vorschrift dahin aus, daß zwar zur Unterschlagung der Täter Besitz oder Gewahrsam an der Sache haben müsse, daß es aber genüge, wenn die Gewahrsamsbegründung mit der Zueignung zusammenfalle. Diese Auffassung vertreten insbesondere:

v. Hippel [74]), Schmidt [75]), Lobe [76]), Schönke [77]) und Sauer [78]) [79]).

Das RG. hat, beginnend mit der Entscheidung RGSt. 49/194 (198) aus dem Jahre 1915, in im wesentlichen konstanter Rechtsprechung die Vorschrift des § 246 StGB. im gleichen Sinne angewendet [80]). Der BGH. scheint ebenso verfahren zu wollen [81]).

Als Beispiel diene hier der Fall der sog. Fundaneignung, an dem sich in erster Linie der Streit der Meinungen entwickelt und stets von neuem entzündet hat:

A, der mit seiner Freundin B spazierengeht, bezeichnet eine von dieser am Wegrain entdeckte silberne Zigarettenspitze der Wahrheit zuwider als die ihm gehörige, die er vor kurzem verloren habe, und sagt, während er sie aufhebt, zu B: „Ich schenke sie dir, weil du sie entdeckt hast".

Die Zueignung und das Erlangen des Besitzes oder Gewahrsams fallen hier zeitlich zusammen [82]).

---

dort angezogenen Entscheidungen RGSt. 61/37 u. 70/12 gehen jedoch nicht so weit. Die Entscheidungen RGSt. 65/145 (147) u. 76/131 (132) sind ebenfalls nicht unbedingt hierher zu rechnen, denn in den dort behandelten Fällen kam es nicht auf den Zeitpunkt der Zueignung an; es ging vielmehr nur um die Abhebung der Unterschlagung vom Diebstahl.

74) S. 249.

75) Grdr. S. 235.

76) Leipz. Komm. 4. Aufl. zu § 246, Anm. 1.

77) Zu § 246, Anm. IV 3.

78) Zueign. S. 289, 294.

79) Auch Wachenfeld (S. 384 f.) dürfte hier anzuführen sein, wenn er nicht gar der „berichtigenden Auslegung" anhängt; vgl. dazu oben S. 10 Anm. 19.

80) U. a.: RGSt. 58/228 (229), 67/70 (77); RG. Recht 1927 Nr. 752 = DRZ. 1927 Nr. 238; RG. JW. 1934 S. 486 f.; offenbar auch RG. DJ. 1938 S. 1880, wie die Berufung auf RGSt. 58/228 zeigt. Siehe ferner u. a.: OLG. Bremen MDR. 1948 S. 260 (261); OLG. Hamm JMBl. NRW. 1952 S. 269.

81) LM. Nr. 3 zu § 246 StGB. = MDR. 1952 Beil. Nr. 811.

82) Zueignung und Gewahrsamserlangung sind in diesem Beispiel als zwei voneinander getrennte Akte dargestellt, um etwaigen Bedenken zu begegnen, die bei dem Mangel einer objektiv erkennbaren Zueignungsbetätigung schon gegen das Vorliegen einer tatbestandsmäßigen Zueignungshandlung geltend gemacht werden könnten. Vgl. dazu die Lehrbücher und Kommentare; insbes.: Schmidt Grdr. S. 234 f.; Gleispach S. 36 ff.; auch Mayer Anm. S. 486.

Nach der ersten der oben dargelegten Auffassungen kann dieser Fall nicht als Unterschlagung gewertet werden. Allerdings wollen Allfeld und Gerland auch diese sog. Fundaneignung bereits als solche strafrechtlich erfassen, weil, wie sie lehren, die Gewahrsamsbegründung und die Zueignung „momentan aufeinanderfolgen" könnten [83]) und „jedenfalls unmittelbar nach dem Finden und noch vor der Zueignung die Sache im Gewahrsam des Täters" sei [84]). Sie sehen also lediglich auf tatsächlichem Gebiet die Gewahrsamsbegründung in einem unmittelbar in die Zueignung übergehenden, dieser zeitlich jedoch vorgeordneten Geschehen, halten aber an dem tatbestandlichen Erfordernis zeitlicher Aufeinanderfolge fest [85]).

Für die zweite der oben dargestellten Auffassungen ist die mit dem Aufnehmen der Fundsache zusammenfallende Zueignung ein typischer Unterschlagungsfall.

Der Unterschied zwischen beiden Auffassungen ist, auch wenn man die Sonderstellung, die Allfeld und Gerland innerhalb der ersten Gruppe einnehmen, unberücksichtigt läßt, im praktischen Ergebnis nicht so bedeutend, wie es auf den ersten Blick scheinen möchte. Fast alle Vertreter der Meinung, nach welcher zeitliche Aufeinanderfolge zwischen den beiden in Frage stehenden Akten erforderlich ist, lassen nämlich denjenigen, der bereits mit der Gewahrsamsbegründung die Zueignung vollzieht, nicht deswegen schlechthin straflos; sie knüpfen die Strafdrohung des § 246 StGB. vielmehr an einen späteren „Aneignungsakt", d. h. an ein Verhalten des Gewahrsamsinhabers, welches ihrer Meinung nach (auch) den Zueignungsbegriff erfüllt [86]). Nur wenige gehen einen anderen Weg, indem sie die Zueignung — gleich dem Eigentumserwerb — als ein einmaliges Ereignis ansehen, das nicht mehr Platz greifen könne, wenn das Verhältnis des Täters zur Sache, welches durch die Zueignung hergestellt wird, einmal begründet sei. Sie kommen auf diese Weise dazu, daß denjenigen, der sich eine Sache straflos (weil nämlich schon zugleich mit der Gewahrsamserlangung ohne Bruch fremden Gewahrsams) zugeeignet habe, überhaupt nicht die Strafe eines Zueignungstatbestandes wegen der Zueignung dieser Sache treffen könne [87]).

---

[83]) So Gerland S. 605.

[84]) So Allfeld S. 436.

[85]) Ebenso Rotering S. 244.

[86]) Vgl. z. B.: Hälschner S. 361; v. Liszt-Schmidt S. 639; Schmidt Grdr. S. 234; Niethammer S. 252; Olshausen 12. Aufl. zu § 246, Anm. 6a; Bockelmann S. 8; sowie RGSt. 10/257 (261 f.), 19/38 (40), 53/302 (303); RG. DJ. 1938 S. 1880; RMG. 9/158 (159 f.).

[87]) So insbes.: Oppenhoff zu § 246, Anm. 30 u. 37; RGSt. 42/420 (422); BayObLG. JR. 1925 Rspr. Nr. 439; anscheinend — erstaunlicherweise — auch BGH. NJW. 1953 S. 33 (jedoch nicht die dort zitierten Entscheidungen RGSt. 22/306, 61/37 u. 70/12).

II. Die „berichtigende Auslegung" des § 246 StGB.

Die Ergebnisse, zu denen, wie dargelegt, die Anwendung des Satzteiles „die er in Besitz oder Gewahrsam hat" in seiner positiven Bedeutung führt, werden weithin, und zwar auch von Vertretern der diese positive Bedeutung herauskehrenden Auffassungen, als unerfreulich bezeichnet [88]). Zudem ist die Bestimmung des rechtlichen Gehaltes der Begriffe „Besitz" und „Gewahrsam", wie schon aus der Vielzahl der unterschiedlichen Ansichten hervorgeht, mit nicht geringen Schwierigkeiten verbunden. Beides, sowohl die als unerfreulich bezeichneten Ergebnisse wie die aufgezeigten Auslegungsschwierigkeiten, vermeiden die Vertreter der „berichtigenden Auslegung" des § 246 StGB. Sie sehen „Besitz" und „Gewahrsam" nicht als ein positives Erfordernis der Unterschlagung an, sie betrachten den Satzteil „die er in Besitz oder Gewahrsam hat" überhaupt nicht als ein eigentliches Tatbestandsmerkmal der Unterschlagung, sondern sie bewerten ihn als eine bloße Abgrenzungsformel zum Diebstahl, welche nichts weiter besagen soll, als daß die zur Unterschlagung erforderliche Zueignung nicht unter Bruch fremden Gewahrsams geschehen dürfe, wie es eben beim Diebstahl vorausgesetzt ist. Nach dieser Auffassung ist die Vorschrift des § 246 StGB. aufgrund „berichtigender Auslegung" so zu verstehen, als laute sie: Wer eine fremde bewegliche Sache, ohne sie einem anderen wegzunehmen, sich rechtswidrig zueignet, wird . . . bestraft [89]).

Die „berichtigende Auslegung" des § 246 StGB. ist, soweit ersichtlich, zuerst und mit eingehender Begründung von Binding [90]) vertreten worden. Ihm haben sich später Berner [91]), Mezger [92]), Welzel [93]), Maurach [94]), Nagler [95]), Schwarz [96]) und Busch [97]) angeschlossen [98]).

[88]) So oder ähnlich z. B.: Hälschner S. 347f; Gleispach S. 7; Frank zu § 246, Anm. II 3; Olshausen 11. Aufl. zu § 246, Anm. 8a; Köhler; Bockelmann S. 4, 7f.; gleicher Meinung offenbar auch RGSt. 19/38 (39).

[89]) Vgl. Leipz. Komm. 7. Aufl. zu § 246, Anm. II 2.

[90]) Normen S. 1044ff., Lhb. S. 275f.

[91]) S. 568.

[92]) Stdb. II S. 109f., 120. Vor 1945 rechtfertigte Mezger die „berichtigende Auslegung" des § 246 StGB. mit § 2 StGB. i. d. F. v. 28. 6. 33, betrachtete sie also offenbar als (damals) zulässige Analogie (Grdr. S. 258f., 268).

[93]) Strafr. S. 163.

[94]) S. 185f., 193.

[95]) Leipz. Komm. 7. Aufl. zu § 246, Anm. I u. II 2.

[96]) Zu § 246, Anm. 1 B (vgl. insbes. dort die Stellungnahme zur Mittäterschaft sowie in Anm. 5 B die Ausführungen zum Unterschlagungsvorsatz).

[97]) Sp. 360.

[98]) Als Anhänger der „berichtigenden Auslegung" des § 246 StGB. in dem oben dargelegten Sinne sind außerdem Többen (S. 25), Krebs (S. 79ff.) und Kujawa (S. 14) hervorgetreten. — Ob auch Wachenfeld sie befürwortet,

In der Rechtsprechung hat die „berichtigende Auslegung“ keinen Widerhall gefunden [99]).

Es bedarf keines besonderen Nachweises, daß mit Hilfe der „berichtigenden Auslegung“ der Unterschlagungstatbestand das Gebiet der Zueignung fremder beweglicher Sachen vollständig erfaßt, soweit nicht der Diebstahlstatbestand einzugreifen hat, denn Unterschlagung ist danach jegliche Zueignung einer fremden beweglichen Sache, die nicht die besonderen Merkmale des Diebstahls erfüllt. Auch die oben [100]) als Beispiele angeführten Fälle der „brevi-manu“-Veräußerung, der Zueignung durch den nur nach § 857 BGB. Besitzenden und der Fundaneignung sind nach dieser Auffassung Unterschlagungen im Sinne des § 246 StGB.

---

ist nicht klar ersichtlich (vgl. dazu oben S. 10 Anm. 19). — Fälschlich werden für die „berichtigende Auslegung“ des § 246 StGB. verschiedentlich Gerland, v. Hippel, Lobe, Schönke und Rotering in Anspruch genommen (siehe dazu oben S. 9 Anm. 6, 7 u. 14 und S. 10 Anm. 15 u. 19).

[99]) Näheres ist oben S. 10 ausgeführt worden.

[100]) S. 16, 17 und 19.

C. Kritik und Lösung an Hand der Auslegung des § 246 StGB.

Die Auslegung der den Gegenstand des Meinungsstreites wie der hier zu untersuchenden Problematik überhaupt bildenden Vorschrift des § 246 StGB., d. h. die Entfaltung ihres maßgebenden Inhalts [1]), ist die Voraussetzung sowohl für eine kritische Stellungnahme zu den dargelegten Auffassungen wie auch für die beabsichtigte Lösung des Problems. Letztere wird mit Hilfe des Auslegungsergebnisses aus der Kritik entwickelt werden.

I. Der Sinngehalt des § 246 StGB.

Der maßgebende Inhalt einer Vorschrift ist der in ihrem Wortlaut verkörperte Sinn. Das Verfahren der Auslegung besteht also in erster Linie in der Ermittlung dieses Sinnes [2]).

Die Auslegung bedient sich dazu der verschiedenen Auslegungsmittel, nämlich des Lebens- und insbesondere des Gesetzessprachgebrauchs, der Entstehungsgeschichte der auszulegenden Vorschrift, ihrer Stellung im System des Rechtes und ihres etwaigen Zusammenhangs mit anderen Vorschriften, und schließlich des Zweckes, den zu erfüllen die Vorschrift bestimmt ist, als des überhaupt wichtigsten Kriteriums für ihren Sinngehalt [3]) [4]).

---

[1]) Nur die Entfaltung des maßgebenden Gesetzesinhaltes wird hier und im Folgenden unter „Auslegung" verstanden. Vgl. dazu: Mayer Strafr. S. 84; Grünhut S. 6; Bierling S. 197ff.; Wach S. 254ff.; Enneccerus-Nipp. S. 197ff.; Schönke zu § 2, Anm. VI; ferner: Heck Begriffsb. S. 107; Manigk S. 431ff.; Mezger Lhb. S. 79, Stdb. I S. 25; Huber S. 389, 443f.; Leipz. Komm. 7. Aufl. Einl., Bem. I; Kohlrausch-Lange vor § 2a, Bem. III C 2; Wächter S. 417ff.; Hepp S. 102.

[2]) Binding Hdb. S. 451; Mezger Lhb. S. 79, Stdb. I S. 25; Reichel S. 66, 76; Schaffstein S. 296; Rittler S. 453; Enneccerus-Nipp. S. 197ff.; Kohlrausch-Lange vor § 2a, Bem. III; vgl. ferner: Schönke zu § 2, Anm. V 1; BGHSt. 1/74 (75); Reinicke Ausl. S. 681ff. und Wortl. S. 1033ff. (zur Auslegungspraxis des BGH.).

[3]) Vgl. dazu: Binding Hdb. S. 458ff.; Mezger Lhb. S. 80f., Stdb. I S. 25; Mayer Strafr. S. 83f.; Wach S. 269f.; Bierling S. 211ff., 256f.; Schwinge S. 47; Schaffstein S. 296; Kohlrausch-Lange vor § 2a, Bem. III; Schönke zu § 2, Anm. V 1; Enneccerus-Nipp. S. 203ff.; Rittler S. 455; ferner Reinicke Ausl. S. 681ff.

[4]) Streitig ist die Frage, ob sich der maßgebende Sinn einer Vorschrift aus dem wirklichen Willen des historischen Gesetzgebers (so die subjektive Auslegungstheorie) oder aus einem im Gesetz selbst verankerten, vom historischen Willen des Gesetzgebers losgelösten Rechtswillen (so die objektive Theorie) bestimmt. Vgl. zu diesem Theorienstreit als Vertreter der subjektiven Methode: Heck Gesetzesausl. S. 3ff., 62ff., Begriffsb. S. 106ff.; Bierling S. 230ff., 257ff.; Rümelin S. 268ff.; Stoll S. 161ff.; Mayer Strafr.

Im vorliegenden Fall beschränkt sich die Sinnermittlung, entsprechend der dieser Arbeit gestellten Aufgabe, auf die Frage, ob der Unterschlagungstatbestand dem ihm zugrunde liegenden Sinne nach das Gebiet der Zueignung fremden Eigentums — abgesehen von den als Diebstahl zu erkennenden Fällen — vollständig erfassen will oder ob seinem Eingriff nur ein Ausschnitt aus diesem Gesamtgebiet eröffnet sein soll.

Der Wortlaut des § 246 StGB. läßt, wenn man nur den Sprachgebrauch zu Rate zieht, nicht darauf schließen, der Satzteil „die er in Besitz oder Gewahrsam hat" habe eine andere als eine positive Bedeutung, nämlich nur die einer negativen Formel der Abgrenzung des Unterschlagungsbereiches vom Diebstahl. Nach den Regeln des Sprachgebrauchs — ein Unterschied zwischen dem allgemeinen und dem Gesetzessprachgebrauch besteht insoweit nicht — muß aus diesem Satzteil entnommen werden, eine Unterschlagung könne nur derjenige begehen, der die Sache in seinem Besitz oder Gewahrsam hat [5]).

Auf die Entstehungsgeschichte des geltenden Unterschlagungstatbestandes verweisen sowohl Anhänger der „berichtigenden Aus-

S. 84; Enneccerus-Nipp. S. 199; auch Reinicke Ausl. S. 682, Bew. S. 141 ff.; für die objektive Theorie: Binding Hdb. S. 454 ff.; Mezger Lhb. S. 80 f., Stdb. I S. 25, Hehl. S. 572; Reichel S. 67 ff.; Rittler S. 455 f.; Wach S. 256 ff.; Schwinge S. 57; vermittelnd: Manigk S. 432; Kohlrausch-Lange vor § 2a, Bem. III B 4; Schönke zu § 2, Anm. V 1. — Weder der historische Wille des Gesetzgebers noch der sog. Rechtswille pflegen jedoch — abgesehen von den Fällen einer Legalinterpretation — authentisch formuliert zu sein, so daß beide Auslegungsmethoden auf den Gebrauch der angeführten Auslegungsmittel, die Indizien für den maßgebenden Willen liefern können, angewiesen sind. Sie unterscheiden sich wesentlich nur in dem Standpunkt, von dem aus sie mit den Auslegungsmitteln des Sprachgebrauchs, Systemzusammenhangs und Zweckes arbeiten (so mit Recht Stoll S. 165): während der Ausleger sich bei der subjektiven Methode in die Lage des historischen Gesetzgebers zurückversetzt (vgl.: Heck Gesetzesausl. S. 8, 64 ff.; Bierling S. 262), geht er bei der objektiven Methode von den Verhältnissen der Gegenwart aus, d. h. er behandelt das Gesetz als etwas Wandelbares, sich den jeweiligen Gegebenheiten Anpassendes (vgl.: Mezger a. a. O.; Reichel S. 70 ff., 75 f.; Schwinge S. 58; Rittler S. 456). Die vermittelnde Theorie, die den Bedeutungswandel des Gesetzes entsprechend der Änderung der Verhältnisse und Rechtsanschauungen in den Willen des historischen Gesetzgebers hineinlegt (vgl.: Manigk a. a. O.; Kohlrausch-Lange a. a. O.; Schönke a. a. O.), entspricht im Ergebnis der objektiven Methode. — Aus der hier getroffenen Feststellung erhellt, daß eine Rücksichtnahme auf die verschiedenen Auffassungen nur dort nötig ist, wo sich die für den Sinngehalt der auszulegenden Vorschrift maßgebenden Verhältnisse seit dem Erlaß der Vorschrift geändert haben.

[5]) Der Sprachgebrauch läßt zwar meist mehrere Deutungsmöglichkeiten offen, schließt aber auf der anderen (negativen) Seite gewisse Hypothesen als jedenfalls von ihm her nicht erreichbar aus (vgl.: Heck Gesetzesausl. S. 33, 132; Kohlrausch-Lange vor § 2a, Bem. III B 1). — Zu den aus dem Sprachgebrauch nicht zu gewinnenden Hypothesen gehört hier die Wertung des positiv gefaßten Satzteiles als eine bloß verneinende Formel.

legung“ [6]) als auch Vertreter der engen Auffassungen [7]) zur Rechtfertigung ihrer einander entgegengesetzten Standpunkte.

Das geltende Strafgesetzbuch baut bekanntlich auf dem Strafgesetzbuch für die Preußischen Staaten von 1851 auf [8]). In dessen § 225 war die Unterschlagung wie folgt definiert:

> Wer eine fremde bewegliche Sache, deren Besitz oder Gewahrsam er mit der Verpflichtung erlangt hat, sie zu verwahren, zu verwalten, zurückzugeben oder abzuliefern, zum Nachteile des Eigentümers, Besitzers oder Inhabers veräußert, verpfändet, verbraucht oder bei Seite schafft, macht sich einer Unterschlagung schuldig.

Die Unterschlagung war damit im preußischen Recht zwar als ein Eigentumsdelikt gekennzeichnet; sie erfaßte die Eigentumsverletzung jedoch nur in Verbindung mit dem Verstoß gegen eine darüber hinausgehende Treupflicht des Besitzers oder Gewahrsamsinhabers. Ihren Grund hatte diese Beschränkung der Unterschlagung auf das engere Gebiet der Veruntreuung darin, daß man geglaubt hatte, bei einem Verzicht auf die Treubindung würde der Unterschlagungstatbestand „jede in Privatverhältnissen unbefugte oder rechtswidrige Handlung sogleich als eine strafbare und zum Verbrechen steigende Handlung begreifen“ [9]). Allerdings erweiterte das PrStGB. in seinem § 226 den Anwendungsbereich des Unterschlagungstatbestandes durch die Bestimmung, daß die Vornahme einer der nach § 225 PrStGB. tatbestandsmäßigen Handlungen sowie zusätzlich das Ableugnen des Gewahrsams der Obrigkeit gegenüber einer Unterschlagung gleichzuachten sei, wenn der Täter die Sache gefunden oder durch Zufall Gewahrsam an ihr erlangt hatte. In dieser Regelung des preußischen Rechtes wurde schon mit dem Herausgreifen ganz bestimmter tatbestandsmäßiger Handlungen klargestellt, daß der diesen vorausgehende Erwerb von Besitz oder Gewahrsam am Tatobjekt ein positives Erfordernis des Unterschlagungstatbestandes war.

Der zur Grundlage für das geltende StGB. gewordene dritte Entwurf eines StGB. für den Norddeutschen Bund, dessen § 241 fast wörtlich als § 246 in das StGB. eingegangen ist, brach mit der im preußischen Recht getroffenen Regelung in mehrfacher Hinsicht. Von Bedeutung ist im Rahmen der hier vorzunehmenden Untersuchung einmal die Zusammenfassung des besonderen, in erster Linie der Fundaneignung gewidmeten Tatbestandes (§ 226 PrStGB.) mit dem allgemeinen unter gleichzeitiger Abkehr von dem Erfordernis eines besonderen Treueverhältnisses — dieses wurde nur noch für einen

---

[6]) Binding Lhb. S. 275; Welzel Anal. S. 618.

[7]) Mayer Anm. S. 486; Bockelmann S. 5ff.; BGHSt. 2/317 (319) = JZ. 1952 S. 629 = NJW. 1952 S. 796 (797) = LM. Nr. 2 zu § 246 StGB.

[8]) Motive S. 27f.

[9]) Goltdammer S. 499.

qualifizierten Fall der Unterschlagung verwendet —, zum anderen die Aufgabe der Kasuistik in der Bezeichnung der tatbestandsmäßigen Handlung und ihre Ersetzung durch den umfassenden Begriff des „Sichzueignens". In den Rahmen dieser Umgestaltung der Unterschlagung zu dem allgemeinen Zueignungsdelikt hätte es durchaus gepaßt, wenn auch das Erfordernis von Besitz oder Gewahrsam fallen gelassen worden wäre [10]), zumal ihm — jedenfalls im preußischen Recht — eine besondere Bedeutung für die Umgrenzung des Unterschlagungsbereiches nicht zukam; dort hatte nämlich nicht dieses Merkmal, sondern das darüber hinaus verlangte Treueverhältnis der (gewollten) Beschränkung des Unterschlagungstatbestandes (auf die Veruntreuung) gedient [11]); das Vorhandensein von Besitz oder Gewahrsam war dagegen als überhaupt zum Begriff der Unterschlagung gehörig angesehen worden. Diese Auffassung wirkte, wie zu zeigen sein wird, offenbar fort, als man die Merkmale „Besitz" und „Gewahrsam" in der nur unwesentlich veränderten positiven Fassung des preußischen Rechtes übernahm. Aufschluß darüber geben die Motive zu § 241 des Entwurfes [12]).

Eine Erläuterung oder auch nur eine Bemerkung zur Übernahme des Besitz-Gewahrsams-Merkmals aus dem preußischen Recht ist nirgendwo in den Motiven zu finden. Dagegen wird gleich am Anfang der zu § 241 des Entwurfes gegebenen Erläuterungen von dem „Besitzerwerb" wie von einer selbstverständlichen Voraussetzung der Unterschlagung gesprochen [13]). An einer anderen Stelle tritt diese Auffassung deutlicher hervor, denn dort heißt es, der Entwurf habe „die in der Wissenschaft wie in der Rechtsanschauung des Volks und in der Natur der Sache begründete Verwandtschaft der Vergehen des Diebstahls und der Unterschlagung festgehalten und den Tatbestand der letzteren einfach als die rechtswidrige Aneignung der fremden beweglichen Sache, in deren Inhabung der Täter sich bereits befindet, bezeichnet" [14]). In wieder anderem Zusammenhang sind der Besitzerwerb einerseits und die Zueignung als die tatbestandsmäßige Unterschlagungshandlung andererseits geradezu einander gegenübergestellt: „Wenn der Besitzerwerb selbst schon" — das kann doch nur heißen: das, was sonst lediglich Vorakt der strafbaren Zueignung ist — „den Tatbestand eines anderen Vergehens bildet", soll „die Strafbarkeit der Handlung bereits hierdurch festgestellt" sein und

[10]) Vgl.: Bockelmann S. 6; RGSt. 19/38 (39).
[11]) Vgl. Goltdammer S. 499f.
[12]) Zu Unrecht — das wird die folgende Untersuchung zeigen — werden die Motive, soweit es sich um die Bedeutung des Besitz-Gewahrsams-Merkmals im Unterschlagungstatbestand handelt, verschiedentlich (z. B. von Rotering S. 245f. und RGSt. 19/38 (39)) als widerspruchsvoll und deshalb als nicht brauchbar für die Auslegung bezeichnet.
[13]) Motive S. 75.
[14]) Motive S. 75f.

Unterschlagung nicht mehr in Betracht kommen [15]). Es wird dabei, wie aus der Wendung „anderen Vergehens“ hervorgeht, auch nicht für möglich gehalten, daß der Akt des Besitzerwerbes selbst schon Unterschlagung sein könne. Der folgende Satz in den Motiven verdeutlicht dies, indem dort gesagt ist, daß in den Fällen, in denen „der Besitz auf eine unrechtmäßige, aber nicht“ — nach irgendwelchen anderen Vorschriften — „strafbare Art erlangt“ sei, „durch die“ — wie auch hier als selbstverständlich vorausgesetzt wird — „spätere Zueignung der Sache der Tatbestand der Unterschlagung hergestellt“ werde. — Bei der Bemerkung, es sei „nur der Umstand, daß bei der Unterschlagung keine Entziehung der Sache aus dem Gewahrsam einer Person stattgefunden, das unterscheidende Merkmal“ im Verhältnis zum Diebstahl [16]), zeigt schon die Wendung „Entziehung . . . stattgefunden“, daß auch hier der vorher begründete Besitz auf seiten des Täters Ausgangspunkt der Betrachtung ist [17]).

Die Tatsache, daß dem Entwurf die Auffassung zugrunde liegt, zum Begriff der Unterschlagung gehöre notwendig der Besitz oder Gewahrsam des Täters, wird letztlich durch die Stellungnahme der Motive zur Fundaneignung bewiesen. Die Motive sagen dazu folgendes: „Die Begriffsbestimmung der Unterschlagung, wie sie in dem Entwurfe aufgestellt worden, umfaßt auch die Unterschlagung an der gefundenen Sache. Selbst in dem Falle, daß die Ansichnahme der verlorenen Sache seitens des Finders sofort in der Absicht erfolgt, sie sich rechtswidrig anzueignen, wird die Besitzergreifung selbst an sich eine widerrechtliche nicht sein, überdies aber die Absicht der Aneignung erst durch eine nachfolgende Tatsache sich manifestieren müssen und erst mit dieser letzteren der Tatbestand der Unterschlagung erfüllt sein“ [18]). Der erste Satz soll sichtlich erklären, warum der Entwurf — abweichend vom preußischen Vorbild — nicht einen besonderen Tatbestand für die Fundaneignung vorsah. Dem zweiten Satz fällt die Rolle zu, Beweis anzutreten für die zuvor aufgestellte Behauptung, daß der allgemein gehaltene Unterschlagungstatbestand des Entwurfes auch den Fall der Fundaneignung umfasse, und zwar selbst dann, wenn bereits die Aufnahme der Sache von der Absicht ihrer rechtswidrigen Zueignung getragen sei. Diese Beweisführung geht nun in zwei Richtungen: Zuerst wird darauf hingewiesen, daß die Ansichnahme der gefundenen Sache, jedenfalls im allgemeinen, nicht widerrechtlich sei. Dieser Hinweis wurde nötig, weil nach der zuvor in den Motiven geäußerten, weiter oben [19]) mitgeteilten An-

---

15) Motive S. 76.

16) Motive S. 76.

17) Bockelmann (S. 6) unternimmt es, aus dem Zusammenhang nachzuweisen, daß die hier zitierte Stelle der Motive nicht, wie es den Anschein haben könnte, für die bloße Negativabgrenzung zum Diebstahl spricht.

18) Motive S. 76.

19) S. 26f.

sicht ein strafbarer Besitzerwerb, also auch die strafbare Fundaufnahme, die Anwendung des Unterschlagungstatbestandes ausschließen würde. Zum zweiten ist gesagt, die Absicht der Aneignung müsse sich durch eine der Aufnahme der Fundsache nachfolgende Tatsache manifestieren und erst damit werde der Unterschlagungstatbestand erfüllt. Dieser Bemerkung muß, wenn sie als Beweisführung überhaupt einen Sinn haben soll, die Auffassung zugrunde gelegen haben, daß nur eine solche Zueignung für die Unterschlagung tatbestandsmäßig sei, die dem Erlangen des Gewahrsams nachfolgt; wäre man nämlich davon ausgegangen, daß auch die mit der Gewahrsamserlangung zusammenfallende Zueignung den Unterschlagungstatbestand erfülle, so hätte es dieses Hinweises nicht bedurft, weil dann die Unterschlagungsnorm der Aufnahme einer Fundsache in Aneignungsabsicht ohnehin gerecht geworden wäre [20].

Ungeachtet der den Motiven erkennbar zugrunde liegenden, oben dargestellten Auffassung wollen Vertreter der „berichtigenden Auslegung" des § 246 StGB. aus ihnen entnehmen, daß nach der beim Aufstellen des Entwurfes herrschend gewesenen Absicht dem Besitz-Gewahrsams-Merkmal nicht mehr jene, für das preußische Recht unbestreitbar vorhanden gewesene positive Bedeutung, sondern nur noch die negative einer Abgrenzungsformel beizulegen sei. Während Binding [21]) sich dazu mit einem allgemeinen Hinweis auf die Motive zu § 241 des Entwurfs begnügt, weist Welzel [22]) auf einen Satz hin, der an die Feststellung anknüpft, daß das PrStGB. beim Unterschlagungstatbestand „eine besondere Unterscheidung in bezug auf das rechtliche Verhältnis des Täters zu der Sache aufgestellt" habe — gemeint ist dabei die Verpflichtung, die Sache „zu verwahren, zu verwalten, zurückzugeben oder abzuliefern" [23]) —, und der wie folgt lautet: „Zu dieser Unterscheidung . . . liegt aber in dem Begriffe der Unterschlagung um so weniger ein hinreichender Grund, als durch sie nur das negative Moment in dem Tatbestande der Unterschlagung, daß der Besitzerwerb kein dieblicher sein dürfe, näher hat bezeichnet werden sollen" [24]).

Die hier zitierte Stelle der Motive könnte von vornherein als für die Auslegung des § 246 StGB. bedeutungslos außer Betracht bleiben, wenn sie — wie Bockelmann [25]) meint — nicht mehr darstellte als

[20]) Zu bemerken bleibt, daß Welzel (Anal. S. 618) durchaus recht haben mag, wenn er meint, die hier untersuchte Stelle der Motive habe nur an den Regelfall gedacht; das ändert nichts an der gewonnenen Erkenntnis, denn dann beschränkt die beabsichtigte Beweisführung sich eben auf den Regelfall.

[21]) Lhb. S. 275.

[22]) Anal. S. 618.

[23]) Vgl. die Definition der Unterschlagung im PrStGB. (s. oben S. 25).

[24]) Motive S. 75.

[25]) S. 6.

ein Referat über preußisches Recht, zur Fassung des § 246 StGB. somit überhaupt nicht Stellung nähme. Das trifft jedoch nicht zu. Der angeführte Satz bezieht sich insofern auf die Gestaltung des geltenden Rechtes, als in ihm die Begründung für die Definition der Unterschlagung im § 246 StGB. enthalten ist, soweit diese Vorschrift, abweichend von der Regelung im preußischen Recht, nicht eine Qualifikation des Besitzes oder Gewahrsams des Täters durch ein besonderes Pflichtenverhältnis verlangt.

Ist der zitierte Satz damit zwar nicht schlechthin belanglos für die Auslegung des § 246 StGB., so enthält er doch jedenfalls nicht eine Stellungnahme zum Bedeutungsinhalt des Besitz-Gewahrsams-Merkmals, weder für das geltende noch für das preußische Recht. Er äußert sich vielmehr ausschließlich zur Bedeutung der aus dem preußischen Recht nicht übernommenen Qualifikation des Besitz-Gewahrsams-Verhältnisses durch bestimmte Pflichten. Doch selbst von dieser Qualifikation wird nun nicht behauptet, sie habe lediglich der Verneinung des Diebstahlstatbestandes gedient. Es ist nämlich an der zitierten Stelle nur gesagt, die Qualifizierung des Besitz-Gewahrsams-Verhältnisses im preußischen Recht habe die Anwendung des Unterschlagungstatbestandes dann ausschließen sollen, wenn der Besitz oder Gewahrsam durch Diebstahl erlangt war; man hat somit als die Aufgabe der Qualifizierung nicht etwa die Negativabgrenzung der Unterschlagung vom Diebstahl schlechthin angenommen, sondern — mit Recht oder Unrecht — nur die Regelung der ganz speziellen Frage, ob der Dieb noch wegen einer nachfolgenden Unterschlagung zu belangen sei. Die Beantwortung dieser Frage hätte — jedenfalls vom heutigen Standpunkt aus — im preußischen Recht mangels einer ausdrücklichen Regelung in der Tat zweifelhaft sein müssen, weil die Unterschlagung dort — im Gegensatz zum Diebstahl — nicht als Zueignungsdelikt, als das „Sichzueignen“ einer fremden Sache, sondern als „Veräußern, Verpfänden, Verbrauchen oder Bei-Seite-Schaffen“ der im eigenen Gewahrsam befindlichen Sache gekennzeichnet war. Auf eine ausdrückliche Regelung dieser Frage glaubte man im StGB. verzichten zu können, freilich nicht mit der richtigen Begründung, daß die Unterschlagung nunmehr auch Zueignungsdelikt geworden und dadurch bereits ihr Verhältnis zum Diebstahl als ein solches gegenseitiger Ausschließung erkenntlich sei, sondern weil man — wie aus einer anderen, oben [26]) schon angeführten Stelle der Motive ersichtlich ist — davon ausging, daß durch einen für ein anderes Delikt tatbestandsmäßigen Besitzerwerb die Strafbarkeit der Handlung bereits festgestellt werde und ihr juristischer Charakter „sich nicht nachträglich wieder ändern“ könne [27]). Aus diesem Grunde wurde es also für unnötig gehalten, „näher zu bestimmen, in welcher Weise

[26]) S. 26f.
[27]) Motive S. 76.

der Täter den Besitz der unterschlagenen Sache erworben habe, insbesondere auch, ... den Besitzerwerb nur negativ" — ausdrücklich oder durch das Erfordernis eines besonderen Pflichtenverhältnisses umschrieben — „als einen solchen zu bezeichnen, welcher nicht in unrechtmäßiger, oder wenigstens nicht in diebischer Weise erlangt worden" war [28]). — Die Begründung dieses Verzichts ist also der alleinige Inhalt des von Welzel angeführten, hier besprochenen Satzes der Motive; zur Abgrenzung der Unterschlagung vom Diebstahl im übrigen oder zur Umgrenzung des Bereichs der Unterschlagung durch das Merkmal „die er in Besitz oder Gewahrsam hat" nimmt er — entgegen der Auffassung Welzels — nicht Stellung [29]).

Bei Betrachtung des bisherigen Ergebnisses der Untersuchung kann Bockelmann [30]) unbedenklich darin zugestimmt werden, daß die Motive sich nicht für die rein negative Umgrenzung des Bereichs der Unterschlagung ausgesprochen hätten, ja nicht einmal — wie Rotering [31]) und RGSt. 19/38 (39) meinen — widerspruchsvoll seien, daß ihnen vielmehr die Auffassung zugrunde liege, zur Unterschlagung sei Besitz oder Gewahrsam des Täters am Tatobjekt positiv erforderlich.

Bei diesem Ergebnis kann die Untersuchung jedoch nicht stehenbleiben. Mit der Feststellung, daß die Motive von der positiven Bedeutung des Besitz-Gewahrsams-Merkmals im Tatbestand der Unterschlagung ausgehen, ist noch keine Klarheit darüber gewonnen, ob nach der den Motiven zugrunde liegenden Absicht durch dieses positive Merkmal auch eine Beschränkung des Unterschlagungstatbestandes hat erreicht werden sollen. Aufschluß darüber gibt die oben [32]) bereits mitgeteilte Stellungnahme der Motive zur Fundaneignung. Wenn es dort heißt, daß die Absicht der Aneignung sich durch eine dem Besitzerwerb nachfolgende Tatsache manifestieren müsse, so ist damit die sich innerhalb eines bestehenden Besitz- oder Gewahrsamsverhältnisses vollziehende äußere Manifestation der Zueignungsabsicht als ein wesentliches Merkmal der Zueignung als der tatbestandsmäßigen Unterschlagungshandlung herausgestellt. Diese Aussage be-

---

[28]) Motive S. 76.

[29]) Die Negativfassung des Qualifikationsmerkmals in dem § 225 PrStGB., die nach der von Welzel zitierten Äußerung der Motive (s. oben S. 28) dem Charakter dieses Merkmals besser gerecht geworden wäre, hätte nicht etwa zu einem Verzicht auf Besitz und Gewahrsam, sondern nur etwa zu der folgenden Formulierung führen können: Wer eine ... Sache, deren Besitz oder Gewahrsam er „ohne diebische Wegnahme" erlangt hat, verkauft ..., macht sich einer Unterschlagung schuldig. Darin bestätigt sich, daß Welzel unrecht hat, wenn er die Äußerung so auslegt, als habe man in den Motiven dem Besitz-Gewahrsams-Merkmal des § 225 PrStGB. selbst keine positive Bedeutung beigemessen.

[30]) S. 7.

[31]) S. 245 f.

[32]) S. 27.

ruht nun nicht auf der Einfügung des Besitz-Gewahrsams-Merkmals in den Unterschlagungstatbestand, denn sie dient, wie oben[33]) nachgewiesen, in diesem Zusammenhang der Beweisführung für die Behauptung, daß trotz der Einfügung dieses Merkmals auch die Fundaneignung erfaßt werde. Folglich kann sie nur auf eine bestimmte Auffassung vom Wesen der Zueignung als der tatbestandsmäßigen Handlung zurückgehen. Ist das aber richtig, so legt diese Auffassung den Schluß nahe, daß man, nicht zuletzt wahrscheinlich im Hinblick auf die nunmehr im bloßen „Sichzueignen" zusammengefaßt gedachten einzelnen Tatbestandshandlungen des preußischen Rechtes, davon ausging, es gebe — abgesehen von der diebischen Wegnahme in Zueignungsabsicht — überhaupt keine Zueignung außerhalb eines bestehenden Besitz- oder Gewahrsamsverhältnisses. Für die Richtigkeit dieser Folgerung spricht es, daß in den ganzen Motiven der Besitz oder Gewahrsam des Täters wie eine selbstverständliche Voraussetzung der Unterschlagung behandelt ist, eine Tatsache, die, hätte man diesem Merkmale die Aufgabe einer Beschränkung des Unterschlagungstatbestandes zugedacht, geradezu verwundern müßte; es war eben, so kann daraus entnommen werden, überhaupt nicht an eine Beschränkung des Unterschlagungstatbestandes auf bestimmte Zueignungsfälle gedacht, sondern man glaubte, mit der Unterschlagungsdefinition des Entwurfes das gesamte Gebiet der Zueignung fremden Eigentums außerhalb des Diebstahls strafrechtlich zu erfassen. Dieser Schluß wird weiter gestützt durch die Bemerkung, der Entwurf habe, an der Verwandtschaft der Vergehen des Diebstahls und der Unterschlagung festhaltend, „den Tatbestand der letzteren einfach als die rechtswidrige Aneignung der . . . Sache, in deren Inhabung der Täter sich bereits befindet, bezeichnet"[34]), wobei offenbar das „Sich-im-Besitz-Befinden" als Ergänzung des diebischen „Inbesitznehmens" und damit das Sichzueignen durch Unterschlagung als Ergänzung der diebischen Zueignung überhaupt gedacht ist.

Es darf sonach festgestellt werden, daß bei der Abfassung des Entwurfes bewußt auf eine negative Abgrenzung der Unterschlagung verzichtet worden ist, aber nicht etwa — wie der BGH.[35]) und mit ihm Bockelmann[36]) meinen —, um eine zu weite Ausdehnung des Tatbestandes zu verhindern, sondern — und hierbei wirkte sich die Anlehnung an das preußische Recht aus[37]) — weil die Auffassung herrschte, auch so sei der Tatbestand der Unterschlagung umfassend und begreife jeden denkbaren Fall der Zueignung einer fremden beweglichen Sache außerhalb des Diebstahls. Allein so ist es zu ver-

[33]) S. 27f.
[34]) Motive S. 75f. (vgl. die Zitierung dieser Stelle oben S. 26).
[35]) BGHSt. 2/317 (319) = JZ. 1952 S. 629 = NJW. 1952 S. 796 (797) = LM. Nr. 2 zu § 246 StGB.
[36]) S. 7.
[37]) Vgl. oben S. 26.

stehen, daß über die Abgrenzung der Unterschlagung in der Beratung des Entwurfes kein Wort mehr verloren worden ist[38]). Auch dabei kam die Ansicht zum Ausdruck, die Unterschlagung bilde die selbstverständliche Ergänzung zum Delikt des Diebstahls[39]).

Nach dem oben Gesagten läßt sich aus den Motiven soviel entnehmen, daß bei der Einfügung des heute noch geltenden Unterschlagungstatbestandes in den Entwurf nicht die Absicht bestanden hat, diesen Tatbestand auf bestimmte Zueignungsfälle zu beschränken und damit eine Lücke zwischen den Tatbeständen des Diebstahls und der Unterschlagung zu lassen, sondern daß eine umfassende Regelung des Gebietes der Zueignung fremder beweglicher Sachen gewollt war. Zugleich aber hat man dem Satzteil „die er in Besitz oder Gewahrsam hat“ unzweifelhaft eine positive Bedeutung beigemessen, allerdings in dem Glauben, damit nicht der Verwirklichung der zuvor dargelegten Absicht ein Hindernis zu bereiten[40]) [40a]).

Die Stellung des § 246 StGB. im Systemzusammenhang des Strafgesetzbuches läßt erkennen, daß dem Unterschlagungstatbestand die Rolle des allgemeinen, durch Zueignung begehbaren Eigentumsdeliktes zugewiesen ist, daß der Diebstahl hingegen nur einen besonderen Zueignungsfall herausgreift. An anderen, einen weiteren Bereich der Zueignung fremden Eigentums erfassenden Strafnormen fehlt es. Ihrer Bedeutung im System nach müßte also die Unterschlagungsnorm das gesamte Gebiet der Zueignung fremden Eigentums

---

[38]) Vgl. Stenogr. Ber. S. 677ff.

[39]) Vgl. die Ausführungen des Abg. Schwarze: „. . . während also bei dem Diebstahl das Nehmen die Hauptsache ist, ist es bei der Unterschlagung einfach das Behalten“ (Stenogr. Ber. S. 679).

[40]) Welzel (Anal. S. 618) hat danach insoweit recht, als er sagt, nach der den Motiven zugrunde liegenden Absicht habe das Besitz-Gewahrsams-Merkmal die Andersartigkeit der Unterschlagung gegenüber dem Diebstahl hervorheben sollen, ohne gleichzeitig den Unterschlagungsbereich selbständig zu umgrenzen. Unzutreffend ist aber seine Behauptung, nach den Motiven sei diesem Merkmal eine positive Bedeutung nicht zugedacht gewesen. Das war sehr wohl der Fall, nur daß man vermeinte, die bloße Abgrenzung vom Diebstahl und die positive Bedeutung des Besitz-Gewahrsams-Merkmals stimmten überein.

[40a]) Die Vertreter der objektiven Auslegungstheorie, die sich zur Ermittlung des für sie maßgebenden Rechtswillens nicht auf die Entstehungsgeschichte der auszulegenden Vorschrift beschränken, sondern dazu auch die späteren Entwürfe zum gleichen Gegenstand heranziehen (Mezger Lhb. S. 86; vgl. dazu Schönke zu § 2, Anm. V 1), finden die Auffassung, daß der Unterschlagungstatbestand als das umfassende Zueignungsdelikt gedacht sei, in den Entwürfen zu einem neuen Strafgesetzbuch bestätigt. Alle Entwürfe vom sog. Vorentwurf von 1909 bis zur Kabinettsvorlage von 1938 lassen das Bestreben erkennen, durch eine andere Fassung der Unterschlagungsvorschrift die Merkmale zu beseitigen, in denen immer wieder die Beschränkung des Unterschlagungstatbestandes gefunden worden ist (vgl. z. B. die Ausführungen Kohlrauschs zur Definition der Unterschlagung im § 459 des Entwurfes der amtlichen Strafrechtskommission von 1935/36 — bei Gürtner S. 489, 491).

regeln, soweit es nicht dem Diebstahltatbestand unterfällt, **wenn** überhaupt eine solch umfassende Regelung gewollt ist. Auf die letztere Frage gibt der Systemzusammenhang keine Antwort[41]).

Bei der Auslegung kommt, wie oben schon bemerkt, dem **Zweck**, dem das auszulegende Gesetz zu dienen hat, maßgebliche Bedeutung zu. Die teleologische Betrachtungsweise des Rechtes, die seit **Jhering** immer mehr in den Vordergrund getreten ist, hat den Zweck des Gesetzes zum überhaupt entscheidenden Kriterium jeder Sinnermittlung erhoben. **Reichel**[42]) drückt dies zutreffend dahin aus: „Eine Gesetzesbestimmung ist so auszulegen, daß sie sich als möglichst taugliches Mittel zur Erreichung des mit ihr verfolgten gesetzgeberischen Zweckes darstellt"[43]).

Die Zweckbetrachtung ist naturnotwendig eine Betrachtung vom Ergebnis her. Dieses Ergebnis muß den „ethischen, sozialen und wirtschaftlichen Anschauungen und Bedürfnissen" des Gesellschaftslebens entsprechen und gerecht werden[44]).

Der zweckgerichteten Auslegung ist im Strafrecht eine besondere Richtung gegeben. Die Strafrechtsordnung ist ein System des Rechtsgüterschutzes: jedem Straftatbestand liegt ein für ihn charakteristisches schutzwürdiges Interesse zugrunde. Folglich ist ein Straftatbestand nur dann zweckentsprechend ausgelegt, wenn er so, wie er sich aufgrund der Auslegung darbietet, die ihm zugewiesene Rechtsschutzaufgabe zu erfüllen vermag. Der Rechtsgüterschutz ist also der wesentliche Kern der teleologischen Betrachtungsweise im Strafrecht[45]).

Das dem Unterschlagungstatbestand zugrunde liegende Rechtsgut ist das (zivilrechtliche) Eigentum, Aufgabe der Vorschrift des § 246 StGB. also der Schutz dieses Eigentums, zwar nicht schlechthin, wohl aber gegen eine besondere Form des Angriffes, nämlich gegen die

---

[41]) Anderer Ansicht scheinen Binding (Normen S. 1043ff.) und Welzel (Anal. S. 618) zu sein, wenn sie behaupten, aus der Stellung der Tatbestände des Diebstahls und der Unterschlagung in dieser Reihenfolge, d. h. der Vorwegnahme des speziellen Falles, folge, daß dem Satzteil „die er in Besitz oder Gewahrsam hat" im Tatbestand der Unterschlagung nur die Bedeutung einer Abgrenzungsformel zum Diebstahl zukomme. Eine solche Feststellung läßt sich allein aus dem Systemzusammenhang eben nicht treffen; sie hätte nämlich die andere Feststellung zur Voraussetzung, daß eine umfassende Regelung des gesamten Gebietes der Zueignung fremder beweglicher Sachen in den beiden Tatbeständen gewollt sei.

[42]) S. 67.

[43]) Ähnlich — sei es vom Standpunkt des historischen Gesetzgebers oder vom Gegenwartsstandpunkt aus — insbesondere: Heck Gesetzesausl. S. 8, 65; Rümelin S. 273; Stoll S. 164f.; Mayer Strafr. S. 84; Wach S. 257f.; Danz S. 25; Mezger Lhb. S. 81; Honig S. 92ff.; Schwinge S. 22ff.; Grünhut S. 8; Schaffstein S. 296; Kohlrausch-Lange vor § 2a, Bem. III; Schönke zu § 2, Anm. V 1; auch: Enneccerus-Nipp. S. 195; BGHSt. 1/74 (75).

[44]) Enneccerus-Nipp. S. 206; vgl. auch: Danz S. 25; Schaffstein S. 302.

[45]) Honig S. 94; Schwinge S. 22ff.; Grünhut S. 8ff.; Schaffstein S. 308; Kohlrausch-Lange vor § 2a, Bem. III A 4; Schönke zu § 2, Anm. V 2a.

Zueignung durch eine dem geschützten Eigentum fremde Person. Dem Schutz des Eigentums gegen Zueignung wird die Unterschlagungsvorschrift nach den sämtlichen oben dargestellten Auffassungen gerecht, allerdings mit quantitativen Unterschieden. Nur die „berichtigende Auslegung" gestaltet diesen Schutz zu einem umfassenden, während die anderen (engen) Auffassungen über die Auslegung des § 246 StGB. den Schutz auf ein Teilgebiet der Zueignung fremder beweglicher Sachen beschränken. Dem Rechtsschutzgedanken kann über die Berechtigung der einen oder der anderen Anschauung ebensowenig entnommen werden wie dem Systemzusammenhang [46]), denn es ist u. U. durchaus sinnvoll, wenn die Rechtsordnung den strafrechtlichen Schutz einem bestimmten Rechtsgut nicht schlechthin zuteil werden läßt, sondern nur unter gewissen Voraussetzungen einen solchen Schutz gewährt. Eine solche Abstufung des Rechtsschutzes ist z. B. bei dem Rechtsgute „Eigentum" hinsichtlich einer anderen Angriffsart, nämlich der Beschädigung der Eigentumssache erkennbar: unter Strafe gestellt ist nur die vorsätzliche, nicht aber auch die fahrlässige Sachbeschädigung, gegen die ein Schutz nur in zivilrechtlichen Normen begründet ist. So könnte auch in einer Abstufung des Rechtsschutzes gegen die Zueignung fremden Eigentums nach der Schwere der Verletzung ein vernünftiger Sinn gefunden werden. — Es wäre mithin nicht mehr als das Aufstellen einer These, wollte man nur aus dem durch § 246 StGB. geschützten Rechtsgut (und aus dem Zusammenhang mit anderen Vorschriften wie aus der Stellung im System) folgern, der Schutz des Eigentums gegen Zueignung müsse ein umfassender sein [47]). Zur Entscheidung dieser Frage ist auf eine andere Zweckbetrachtung des Rechts zurückzugehen.

Oben [48]) ist ausgeführt worden, daß die Auslegung dann zweckentsprechend sei, wenn das Ergebnis den Anschauungen und Bedürfnissen des Gesellschaftslebens gerecht werde. Darin ist enthalten, daß die Auslegung der Gerechtigkeitsidee, „wie sie in der Wertwelt unserer Kulturgemeinschaft gebildet und im Einklang damit in den Rechtsüberzeugungen unseres Volkes lebendig ist", zu entsprechen hat [49]). Die Gerechtigkeitsidee, deren Verwirklichung die ureigene Aufgabe jeder Rechtsordnung ist, stellt also ein Kriterium dar, das bei der Zweckbetrachtung jeglicher Rechtsnorm Beachtung erheischt [50]). Diesem Gerechtigkeitsgedanken muß die Auswahl auch bei der hier vorzunehmenden Sinnermittlung des § 246 StGB. vorbehalten bleiben.

---

[46]) Vgl. die Ausführungen dazu oben S. 32f.

[47]) Mit Recht wendet sich Mayer (Anal. Sp. 13) gegen den „doktrinären Gedanken eines lückenlosen Rechtsgüterschutzes".

[48]) S. 33.

[49]) Kohlrausch-Lange vor § 2a, Bem. III A 1.

[50]) Vgl.: Bierling S. 433f., 439; Wach S. 257f.; Mezger Lhb. S. 81.

Eine Abstufung des dem Eigentum zugedachten Strafrechtsschutzes gegen Zueignung ist nach dem System des geltenden Rechts nur durch eine Beschränkung des Unterschlagungstatbestandes auf ein Teilgebiet der Zueignung fremder beweglicher Sachen[51]), diese wiederum — angesichts der Fassung der Unterschlagungsnorm — nur durch das Besitz-Gewahrsams-Merkmal und dann auch nur im Sinne der dargelegten engen Auffassungen, d. h. derjenigen, die Besitz oder Gewahrsam zur Unterschlagung positiv erfordern, denkbar. Die Betrachtung der Ergebnisse, welche diese Auffassungen zeitigen[52]), führt jedoch zu der Erkenntnis, daß das Besitz-Gewahrsams-Merkmal im Unterschlagungstatbestand nicht eine sinnvolle und vernünftige Abstufung des Strafrechtsschutzes bewirkt. Wie Binding[53]) zutreffend bemerkt, weist die vorsätzliche Aneignung einer bereits im eigenen Besitz befindlichen Sache häufig einen viel geringeren Strafgehalt auf als die Ergreifung einer unbesessenen Sache sofort in Zueignungsabsicht. Ebenso ist die Veräußerung einer Sache seitens des Verwahrers, der diese Sache (bereits unter Verletzung seiner Verwahrerpflicht) verliehen hat, an den Entleiher im Wege der „brevi-manu"-Übereignung sicher strafwürdiger als eine Zueignung, die der Mieter lediglich durch Einordnen der ihm nicht gehörenden Sache in den eigenen Bestand oder aber auch nur durch Ableugnen des Besitzes vollzieht. — Die den engen Ansichten eigene Verwendung des Besitz-Gewahrsams-Merkmals im § 246 StGB. als Maßstab für die Abstufung des Strafrechtsschutzes gegen Zueignung führt danach insofern zu ungerechten Ergebnissen, als die strafrechtliche Behandlung des sich als Zueignung darstellenden menschlichen Verhaltens nicht in Gemäßheit der Strafwürdigkeit dieses Verhaltens geordnet erscheint, sondern den Eindruck einer willkürlichen Grenzziehung hervorruft[54]) [55]). Ein Sinn, der ein solch ungerechtes Ergebnis bedingt, kann dem Gesetz als dem wichtigsten Mittel zur Verwirklichung der Gerechtigkeitsidee nicht unterstellt werden; er wäre unmittelbar zweckwidrig.

Abweichend von dem hier Gesagten, unternimmt Bockelmann, obwohl er selbst die Folgen der (auch von ihm vertretenen) engen

---

[51]) Vgl. die Ausführungen oben S. 2ff.

[52]) Siehe oben S. 16ff. und S. 19f.

[53]) Normen S. 1044 (im Anschluß an Kujawa S. 5).

[54]) Nach Binding (Lhb. S. 276) sollen die bei Zugrundelegung der engen Auffassungen straflos bleibenden Fälle ihrer Schwere nach zwischen der diebischen Aneignung und der Aneignung besessener Sachen liegen.

[55]) In diesem Zusammenhang ist auch auf den oben (S. 6) dargestellten Fall der Beteiligung mehrerer mit Täterwillen Handelnder an der Zueignungstat zu verweisen. Die Bestrafung nur desjenigen von ihnen, der die Sache körperlich besessen hat, wegen Täterschaft erscheint ungerecht. Der (allerdings fehlgehende) Lösungsversuch, der auf die „Nichteigenhändigkeit" der Unterschlagung abstellt (s. oben S. 6f.), dürfte aus dieser Erkenntnis geboren sein.

Auslegung des § 246 StGB. als unerfreulich bezeichnet[56]) und anerkennt, daß die „berichtigende Auslegung" zu glatteren Lösungen führt[57]), den Versuch, die Begrenzung des Unterschlagungsbereiches durch das Erfordernis der zeitlich vor der Zueignung vollzogenen Gewahrsamsbegründung als sinnvoll zu rechtfertigen[58]). So glaubt er, die „brevi-manu"-Veräußerung an den Gutgläubigen sei in jedem Fall als Betrug zu bestrafen[59]). Abgesehen davon, daß es durchaus zweifelhaft ist, ob in einem solchen Fall immer der Betrugstatbestand zum Zuge kommen kann[60]), würde mit der Betrugsstrafe nur die Tat gegenüber dem getäuschten Erwerber gesühnt, nicht aber die den Eigentümer der Sache treffende Eigentumsverletzung, die jedenfalls ungestraft bliebe[61]). Die rechtswidrige Fundaneignung hält Bockelmann nicht unbedingt für strafwürdig, wobei er auf den Fall verweist, daß der Finder die Sache zwar in Zueignungsabsicht an sich nimmt, nachher jedoch Reue empfindet und den Fundgegenstand abliefert[62]). Sicher verdient die Tat in einem solchen Fall nicht die gleiche Strafe, wie wenn der Finder die Sache weiterveräußert hätte, aber die Strafwürdigkeit ist doch mit der geschehenen Zueignung einmal gegeben. Es kann hier nicht mit Grund eine andere Beurteilung Platz greifen als dann, wenn die Reue auf eine Zueignungshandlung folgt, der die Aufnahme der Fundsache (ohne Zueignungsabsicht) vorausgegangen ist. In einem solchen Fall will Bockelmann bestrafen. — Nun mag Bockelmann durchaus recht haben, wenn er sagt, daß die rechtswidrige Aneignung einer fremden beweglichen Sache nicht unbedingt ebenso strafwürdig sei wie jede vorsätzliche

---

[56]) S. 4.

[57]) S. 8.

[58]) Auf die besonderen Konkurrenzprobleme, die mit dem Fortfall einer einschränkenden positiven Umgrenzung des Unterschlagungstatbestandes möglicherweise erwachsen (vgl. die Ausführungen Bockelmanns auf S. 7), legt er dabei mit Recht keinen entscheidenden Wert, denn sie sind in der Tat nur technischer Natur und lassen sich jedenfalls durch eine gewandte Handhabung des Gesetzes lösen (a. a. O. S. 8). Solche Schwierigkeiten können schließlich auch nicht der Ermittlung des dem Gesetz in Wahrheit zugrunde liegenden Sinnes entgegenstehen.

[59]) S. 8.

[60]) Die Rechtsprechung des RG., wonach auch bei gutgläubigem Eigentumserwerb stets eine Vermögensbeschädigung gegeben sein soll (RG. DR. 1940 S. 106; vorher hatte das RG. noch auf die Verhältnisse des Einzelfalles abgestellt: RGSt. 73/61 (62ff.) = JW. 1939 S. 479 = ZAkDR. 1939 S. 202), hat keineswegs allgemein Beifall gefunden (vgl.: Kohlrausch-Lange zu § 263, Anm. V 2; Welzel Strafr. S. 171).

[61]) So hängt es ja auch allein von dem Verhältnis des Täters zum Erwerber als dem durch die Betrugstat Geschädigten ab, ob der Betrug nur auf Antrag zu bestrafen ist (§ 263 Abs. 5 StGB.). Bei Vorliegen solcher Verhältnisse würde schon das Fehlen des Antrages jede Bestrafungsmöglichkeit ausschließen.

[62]) S. 8.

rechtswidrige Tötung[63]). Dieser Umstand ist aber nicht ein Argument gegen die hier entwickelte Ansicht, denn diese geht nicht davon aus, daß jede rechtswidrige Zueignung bestraft werden müsse; sie hat ihren Ausgangspunkt vielmehr in der Erkenntnis, daß jedenfalls das Besitz-Gewahrsams-Merkmal im Unterschlagungstatbestand nicht der geeignete Maßstab für die Strafwürdigkeit einer Zueignung ist und daß folglich die engen Auffassungen über die Auslegung des § 246 StGB. nicht zu einer sachgemäßen und sinnvollen Unterscheidung der strafbaren und der straffreien Zueignungsfälle gelangen.

Dem Besitz-Gewahrsams-Merkmal kann nach dem oben Gesagten nicht der Sinn einer Beschränkung des Unterschlagungstatbestandes zugedacht sein. Ein anderes Beschränkungsmerkmal ist im gesetzlichen Tatbestand nicht vorhanden. Folglich führt die auf den Zweck der Vorschrift gerichtete Untersuchung zu dem Ergebnis, daß der Sinngehalt des Unterschlagungstatbestandes in der vollständigen Erfassung des Bereiches der Zueignung fremder beweglicher Sachen, soweit nicht die Diebstahlsvorschrift eingreift, zu erblicken ist.

Zieht man das Fazit aus den unter Anwendung der verschiedenen Auslegungsmittel gewonnenen Erkenntnissen, so muß man das vorstehend wiedergegebene Ergebnis der Zweckbetrachtung als den verbindlichen Sinngehalt der Unterschlagungsnorm bezeichnen[64]). Diese Folgerung ist nicht allein deshalb gerechtfertigt, weil der Zweckbetrachtung unter den verschiedenen Auslegungsmitteln der Vorrang gebührt; das Ergebnis der Zweckbetrachtung wird vielmehr darüber hinaus durch die aus der Entstehungsgeschichte des § 246 StGB. gewonnenen Erkenntnisse gestützt, denn aus den Motiven ist, wie oben[65]) dargelegt, der Wille des Gesetzgebers herauszulesen, die Unterschlagungsnorm zu dem umfassenden, nur die Fälle des Diebstahls ausnehmenden Zueignungstatbestand zu gestalten.

Dem so ermittelten Sinngehalt werden von den bisher vertretenen Auffassungen diejenigen, welche von der positiven Bedeutung des Besitz-Gewahrsams-Merkmals ausgehen, nicht gerecht; ihm verschafft vielmehr allein diejenige Ansicht Geltung, welche die „berichtigende Auslegung" des § 246 StGB. vertritt. Die Verfechter dieser Ansicht verfahren somit nur folgerichtig, wenn sie dem Satzteil „die er in Besitz oder Gewahrsam hat" lediglich die Bedeutung einer Formel zur Negativabgrenzung der Unterschlagung vom Diebstahl zuerkennen[66])[67]).

---

[63]) Vgl. die Ausführungen Bockelmanns auf S. 8.

[64]) Ebenso (jedenfalls im Ergebnis) alle Vertreter der „berichtigenden Auslegung"; vgl. insbesondere Binding Lhb. S. 275f., Normen S. 1043ff., und Kujawa S. 14. Gleicher Ansicht aber offenbar auch Hälschner S. 348.

[65]) S. 31f.

[66]) Vgl. oben S. 21.

[67]) Dieser Folgerung kann nicht die aus den Motiven ersichtliche Auffassung von der positiven Bedeutung des Besitz-Gewahrsams-Merkmals ent-

II. Die Beschränkung der Auslegung durch den Wortlaut des § 246 StGB.

Im Vorabschnitt ist ausschließlich der dem gesetzlichen Unterschlagungstatbestand zugrunde liegende Sinngehalt ermittelt worden. Für diejenigen, die als den verbindlichen Inhalt einer gesetzlichen Vorschrift allein den ihr zugrunde liegenden Sinn — ohne Rücksicht auf die Fassung des gesetzlichen Wortlautes — ansehen [68]), ist damit das Verfahren der Auslegung (in der hier vorausgesetzten engen Bedeutung) abgeschlossen [69]). Diese Betrachtungsweise, die nur auf den Sinn der gesetzlichen Vorschrift sieht, vernachlässigt jedoch das jedem Gesetz essentielle Erklärungsmoment. Das Gesetz besteht nicht nur aus dem vom maßgebenden Willen her bestimmten Sinn, sondern ist Wille plus Erklärung [70]). Die begriffsnotwendige Erklärung muß dabei den besonderen Anforderungen des Gesetzgebungsaktes genügen, wenn sie als Gesetzeserklärung anerkannt werden will [71]). Die besonderen Formerfordernisse wie auch das Ringen der am Gesetzgebungsakt Beteiligten um die Formulierung der Erklärung wären überflüssig und weitgehend sinnlos, wenn dem Wortlaute lediglich die Bedeutung eines Auslegungsmittels, eines Indizes für den Gesetzesinhalt zukäme, wenn also — aus anderen Quellen erkenntlich — Inhalt des Gesetzes auch etwas sein könnte, was nicht aus der Erklärung hervorgeht [72]). Es kann hier deshalb nichts anderes gelten als bei der rechtsgeschäftlichen Willenserklärung, d. h. daß als Inhalt des Gesetzes nur der erklärte Sinn in Betracht kommt. Der sanktionierte Wortlaut ist also nicht nur ein Indiz für den maßgebenden Willen, sondern zugleich, und zwar in seiner dem Zusammenhang, nicht notwendig dem Sprachgebrauch nach möglichen Bedeutung die Grenze der Sinnermittlung: Gesetzesinhalt kann nur sein, was im Gesetzeswortlaut, wenn auch

---

gegenstehen, denn einmal ist aus den Motiven klar der Wille zu einer umfassenden Regelung der Zueignung fremder beweglicher Sachen durch die Unterschlagungsnorm erkennbar, zum anderen stellen die Motive — auch nach der subjektiven Auslegungstheorie — nur ein Indiz für den maßgebenden Willen, nicht aber dessen authentische Äußerung dar (vgl.: Enneccerus-Nipp. S. 202; Stoll S. 164; Rümelin S. 272). Ausschlaggebend ist letztlich die Zweckbetrachtung, und diese zeitigt — auch vom Standpunkt des historischen Gesetzgebers aus — das oben mitgeteilte Ergebnis.

[68]) So u. a.: Heck Gesetzesausl. S. 121, 146ff., 156; Rümelin S. 274f.; Stoll S. 169; in neuerer Zeit auch Reinicke Wortl. S. 1033.

[69]) Die Vertreter dieser Auffassung dürften also keine Bedenken tragen, die Vorschrift des § 246 StGB. im Sinne der „berichtigenden Auslegung" anzuwenden.

[70]) Vgl. Binding Hdb. S. 450f., 457ff.

[71]) Wach (S. 256) sagt dazu: „Nur der verfassungsmäßig erschienene Gedanke ist Gesetz"; ähnlich Stooss S. 66f. Vgl. auch RGZ. 27/409 (411).

[72]) Genau das wollen die oben S. 38 Anm. 68 Zitierten.

nur andeutungsweise oder sonst unvollkommen, Ausdruck gefunden hat [73]) [74]).

Betrachtet man unter diesem Blickwinkel das Verfahren der „berichtigenden Auslegung" des § 246 StGB., das, wie gezeigt, von den bisher unternommenen Auslegungsversuchen allein den Sinngehalt des Unterschlagungstatbestandes richtig zur Geltung bringt, so kann man nicht umhin, festzustellen, daß es den Rahmen der bloßen Entfaltung des Gesetzesinhaltes überschreitet. Die in diesem Verfahren vorgenommene Berichtigung des Wortlautes der Unterschlagungsvorschrift besteht, wie oben [75]) dargestellt, in der Umwandlung des positiv gefaßten Satzteiles „die er in Besitz oder Gewahrsam hat" in die negative Formel „ohne diebisch wegzunehmen". Eine solche Bedeutung kann in den genannten Satzteil seinem gegebenen Wortlaut

[73]) Diese sog. „Andeutungstheorie" hat das RG. in ständiger Rechtsprechung vertreten; vgl. z. B. RGZ. 27/409 (411), 81/276 (282), 82/320 (325f.), sowie die Bemerkungen von Heck (Gesetzesausl. S. 144), Rümelin (S. 268), Stoll (S. 162) und Reinicke (Wortl. S. 1033). — Der BGH. setzt diese Rechtsprechung fort: LM. Nr. 3 zu § 133 (D) BGB.; vgl. auch BGHSt. 1/74 (75f.) und 1/313 (316) = NJW. 1951 S. 893, sowie die Untersuchungen von Reinicke a. a. O. S. 1033ff. — Ebenso offenbar das BVerfG. (NJW. 1952 S. 737). — In der Literatur ist die Begrenzung der Auslegung durch die mögliche Bedeutung des Wortlautes überwiegend anerkannt: Bierling S. 267, 274; Enneccerus-Nipp. S. 195, 199, 207; Wach S. 256 (die Ausführungen auf S. 284f. stehen nicht entgegen; sie beziehen sich auf den allgemeinen Sprachgebrauch); Mayer Strafr. S. 84, 87; Danz S. 15f.; Reichel S. 73f., 81; Schwinge S. 48 (wenn auch unter irrtümlicher Berufung auf Heck; dieser meint in Gesetzesausl. S. 33 nur das Teilgebiet der sog. „grammatischen" Auslegung: vgl. seine Ausführungen a. a. O. S. 121, 146); Gleispach S. 8; Schaffstein S. 296; Kohlrausch-Lange vor § 2a, Bem. III B 1; wohl auch Manigk S. 434 u. Leipz. Komm. 7. Aufl. Einl., Bem. I 1b. Ebenfalls hierher zu rechnen sind alle diejenigen, die gegenüber der „berichtigenden Auslegung" des § 246 auf den „klaren Wortlaut" dieser Vorschrift verweisen (Näheres siehe unten S. 45 Anm. 95).

[74]) Wie angedeutet, kommt es für die mögliche Wortbedeutung nicht auf den allgemeinen oder den besonderen Gesetzessprachgebrauch an (vgl. Schwinge S. 50); vor allem ist auch nicht die gewöhnliche Bedeutung des einzelnen Wortes entscheidend. Maßgebend ist vielmehr, was mit den Worten in dem betreffenden Zusammenhang erkennbar gemeint sein kann (vgl.: Wach S. 269; Bierling S. 216; Danz S. 12ff.; BVerfG. NJW. 1952 S. 737), ohne daß das Ergebnis unmittelbar sprachwidrig wäre (Kohlrausch-Lange vor § 2a, Bem. III B 1; vgl. auch Enneccerus-Nipp. S. 207). Die Beschränkung der Auslegungshypothesen durch den feststehenden Wortlaut, wie sie Heck (Gesetzesausl. S. 33, 132) als für den Teilakt der sog. „grammatischen" Auslegung gegeben ansieht, ist eben die Begrenzung der Auslegung überhaupt. Die im Einzelfall möglicherweise auftretende Schwierigkeit, zu bestimmen, wann ein Gedanke noch andeutungsweise oder sonst unvollkommen zum Ausdruck gelangt ist (darauf weisen insbes. Rümelin S. 275 und Reinicke Wortl. S. 1033ff. hin), kann der Anerkennung des Prinzips nicht im Wege stehen, dies um so weniger, als eine Verkennung der Grenze im allgemeinen unschädlich ist; vgl. dazu die Ausführungen über die „Rechtsfindung" unten S. 42f.

[75]) S. 21.

nach, selbst wenn man alle vorhandenen Möglichkeiten berücksichtigt, nicht hineingelegt werden, denn es ist, auch in dem betreffenden Zusammenhang, aus nichts zu entnehmen, daß das Gegenteil von dem gemeint sei, was gesagt ist, daß nämlich die gesetzliche Vorschrift die Besitz- oder Gewahrsamsbeziehung des Täters zur Sache, die sie ausdrücklich positiv verlangt, eben nicht verlangen wolle. Der gesetzliche Wortlaut läßt, soll nicht die Grenze der Entfaltung des Gesetzesinhaltes überschritten werden, keine andere Wahl, als Besitz oder Gewahrsam positiv zu erfordern. — Die „berichtigende Auslegung" führt also, indem sie den Unterschlagungstatbestand des positiven Erfordernisses von Besitz oder Gewahrsam entkleidet, zur Aufstellung einer neuen außergesetzlichen Norm [76]). Diese verschafft zwar dem Sinn, welcher der Vorschrift des § 246 StGB. zugrunde liegt, die ihm gebührende Anerkennung bei der Rechtsanwendung, ist aber gleichwohl selbst nicht mehr Gesetz, weil ihr Inhalt der für das Gesetz begriffsnotwendigen äußeren Erklärung in der Form eines sanktionierten Gesetzeswortlautes entbehrt.

Es bleibt noch übrig, die gleiche Betrachtung für diejenige Auffassung anzustellen, die zwar Besitz oder Gewahrsam des Täters zur Unterschlagung positiv erfordert, die jedoch — im Gegensatz zu der ganz engen Ansicht — das zeitliche Zusammenfallen der Besitz- oder Gewahrsamsbegründung mit der Zueignung für ausreichend hält und die damit von den außer der „berichtigenden Auslegung" vertretenen Meinungen dem Sinngehalt des § 246 StGB. am meisten Rechnung trägt. Der hier in Rede stehenden Auffassung wird, ebenso wie der „berichtigenden Auslegung", vielfach zum Vorwurf gemacht, sie lasse den klaren Wortlaut des § 246 StGB. außer acht, der mit der Wen-

---

[76]) Daran, daß von „berichtigender Auslegung" die Rede ist, darf nicht Anstoß genommen werden. Der Begriff „Auslegung" wird, wie oben (S. 23 Anm. 1) schon angedeutet, nicht einheitlich verwendet. So vertritt Binding (Hdb. S. 213), der Begründer der „berichtigenden Auslegung" des § 246 StGB., die Auffassung, jede berichtigende Auslegung führe „auf Rechtssätze neben dem Gesetz", wenn er auch — aufgrund seiner eigenartigen Stellungnahme zu dem Verbot der Strafbegründung durch außergesetzliches Recht (a. a. O. u. Hdb. S. 27, 219) — ein solches Verfahren im Strafrecht für unbeschränkt zulässig hält. Rittler (S. 452) ist der Meinung, daß bei dem Verfahren der „berichtigenden Auslegung" ein ungesetzter Rechtssatz an die Stelle des gesetzten (aus dem er entwickelt ist) trete. Nach Welzel (Strafr. S. 14f.) stellt jede Tatbestandsbildung durch „ausdehnende Auslegung" eine außergesetzliche dar (vgl. dazu auch seine aus einer anderen Veröffentlichung erkennbare Stellungnahme gerade zur „berichtigenden Auslegung" des § 246 StGB., die unten S. 49 behandelt ist). — Zu einer näheren Untersuchung des Begriffes der „berichtigenden Auslegung" und seiner Verwendung — Kohlrausch-Lange (vor § 2a, Bem. III C 2) und Enneccerus-Nipp. (S. 207) z. B. verstehen, anders als Binding, unter „berichtigender Auslegung" nur echte Gesetzesentfaltung — gibt diese Arbeit nicht Veranlassung, denn es ist hier lediglich das besondere Verfahren der „berichtigenden Auslegung" des § 246 StGB. zu betrachten.

dung „die er . . . hat“ die zeitliche Aufeinanderfolge verlange [77]. Diese Stimmen können sich auf den Sprachgebrauch berufen, nach dem, wer etwas „hat“, es vorher erlangt haben muß. Wie oben [78]) dargestellt, ist jedoch nicht der Sprachgebrauch entscheidend, sondern allein das, was dem Wortlaut im Zusammenhang als sein möglicher Sinn entnommen werden kann, ohne daß die Auslegung damit sprachwidrig würde. In den positiv gefaßten Satzteil „die er in Besitz oder Gewahrsam hat“ ist nun zwar, wie gezeigt, als seine mögliche Bedeutung nicht die bloß negative Abgrenzung vom Diebstahl hineinzudenken; es kann nicht, wenn das Gesetz etwas positiv verlangt, als möglicher Wortsinn das genaue Gegenteil, d. h. daß das Gesetz es eben nicht positiv verlange, angenommen werden. Gleiche Erwägungen treffen hinsichtlich des Erfordernisses zeitlicher Aufeinanderfolge, das sich aus der Wendung „die er . . . hat“ zu ergeben scheint, nicht zu. Dem bezeichneten Satzteil ist zwar zu entnehmen, daß Besitz oder Gewahrsam an der fremden Sache zur Unterschlagung vorliegen muß und daß, jedenfalls sobald dieses Verhältnis hergestellt ist, eine Unterschlagung stattfinden kann. Der Wortlaut schließt nun aber nicht die Möglichkeit aus, daß auch die Zeit der Herstellung des Besitz-Gewahrsams-Verhältnisses selbst schon erfaßt sein soll. Der Adressat der Norm kann vielmehr aus ihrer Fassung entnehmen, daß, sobald er mit einer ihm fremden beweglichen Sache in Besitz- oder Gewahrsamsberührung kommt, die rechtswidrige Zueignung dieser Sache die Unterschlagungsstrafe auslösen muß. So gesehen, darf der bezeichnete Satzteil, der scheinbar die zeitliche Aufeinanderfolge der Besitz- oder Gewahrsamsbegründung und der Zueignung fordert, durchaus als der lediglich unvollkommene Ausdruck für das Verlangen nach der Besitz- oder Gewahrsamsbeziehung überhaupt angesehen werden [79]), dies um so mehr, wenn man bedenkt, wie umständlich der Gesetzgeber hätte formulieren müssen, wenn auch die Erfassung des Falles der Gleichzeitigkeit beider Akte klar zum Ausdruck kommen sollte. Die Anklammerung an den allgemeinen Sprachgebrauch bei der Auslegung der Wendung „die er . . . hat“ würde auf der Linie der von Binding mit Recht verworfenen „Vergötterung des Buchstabens“ [80]) liegen.

Die in der Rechtsprechung seit langem herrschende und auch von maßgebenden Vertretern der Wissenschaft vertretene Auffassung, daß dem Unterschlagungstatbestand auch der Fall der Gleichzeitigkeit der Besitz- oder Gewahrsamsbegründung und der Zueignung einzuordnen sei [81]), stellt sich somit als eine den Rahmen der Auslegung (in dem

---

[77]) So insbes. Bockelmann S. 5; vgl. auch: Gleispach S. 7f.; Mayer Anm. S. 486; RGSt. 19/38 (39).

[78]) S. 38f.

[79]) Ausdrücklich ebenso insbes.: Wachenfeld S. 385; Leipz. Komm. 4. Aufl. zu § 246, Anm. 1; Kujawa S. 14f.

[80]) Lhb. S. 384.

[81]) Siehe oben S. 19; außerdem Kujawa S. 14f.

hier zugrunde gelegten engen Sinne) nicht überschreitende Rechtsanwendung dar[82]).

III. Stellt die „berichtigende Auslegung“ des § 246 StGB. bei Zugrundelegung des ihr eigenen Ausgangspunktes eine zulässige Rechtsanwendung dar?

Der Anwendungsbereich des Unterschlagungstatbestandes ist mit den in den Vorabschnitten gewonnenen Erkenntnissen noch nicht endgültig umrissen. Es wurde zwar festgestellt, daß von den bisher vertretenen Auffassungen die „berichtigende Auslegung“ des § 246 StGB. den Sinngehalt dieser Vorschrift richtig zur Geltung bringt[83]). Die weitere Feststellung, daß dieses Verfahren den Rahmen der Auslegung (in dem hier gemeinten engen Sinn) verläßt, d. h. nicht bei der bloßen Entfaltung des maßgebenden Inhaltes der gesetzlichen Norm stehenbleibt, sondern eine außergesetzliche, wenn auch aus der gesetzten Norm entwickelte Rechtsanwendung bedeutet[84]), gibt jedoch Anlaß zu der Prüfung, ob das Verfahren der „berichtigenden Auslegung“ des § 246 StGB. so, wie es vertreten wird, also unter Zugrundelegung des ihm eigenen Ausgangspunktes, zulässig ist.

Die Tatsache, daß die „berichtigende Auslegung“ des § 246 StGB. eine über das Gesetz hinausführende Rechtsanwendung darstellt, kann, für sich genommen, nicht als Argument gegen die Zulässigkeit dieses Verfahrens angeführt werden, denn der Bereich zulässiger Rechtsanwendung ist grundsätzlich nicht auf die Entfaltung des Inhaltes gesetzlicher Normen beschränkt. In der Praxis der Rechtsanwendung, in der richterlichen Fallentscheidung tritt vielmehr gleichberechtigt neben die Auslegung der (vorhandenen) gesetzten Norm einmal die Anwendung gewohnheitsrechtlich herausgebildeter Rechtssätze und zum anderen — was hier allein interessiert[85]) — die Rechts-

---

[82]) In dieser Feststellung ist natürlich nicht eine Aussage darüber enthalten, unter welchen Voraussetzungen der Akt der Besitz- oder Gewahrsamsbegründung selbst oder ein gleichzeitig hervortretendes anderes Verhalten als tatbestandsmäßige Zueignungshandlung zu erkennen ist, eine Frage, die aus dem Begriff der Zueignung als der für die Unterschlagung tatbestandsmäßigen Handlung entschieden werden muß und auf die hier nicht näher eingegangen werden kann. Vgl. zu ihr (neben den Lehrbüchern und Kommentaren) insbes.: Gleispach S. 36ff.; Schmidt Grdr. S. 234f.; Höpfner S. 124ff.; Eckstein S. 293ff.; Krebs S. 29ff., 74; auch Bockelmann S. 8. — Angesichts der Strittigkeit gerade dieser Frage ist oben (S. 19; vgl. dort Anm. 82) ein Beispiel gewählt worden, bei dem Bedenken gegen das Vorliegen einer tatbestandsmäßigen Zueignungshandlung neben dem Akt der (gleichzeitigen) Besitzerlangung von keiner Seite erhoben werden dürften.

[83]) Siehe oben S. 37.

[84]) Siehe oben S. 39f.

[85]) Von einer gewohnheitsrechtlichen Bildung im Sinne der „berichtigenden Auslegung“ des § 246 StGB. kann, wie Bockelmann (S. 8) zutreffend bemerkt, nicht die Rede sein.

findung. Weder darf nämlich der Richter die Entscheidung einer Rechtsfrage mit der Begründung ablehnen, dem maßgebenden Gesetzes- und Gewohnheitsrecht sei eine Regelung dieser Frage nicht zu entnehmen, noch ist der Richter gehalten, dem als richtig erkannten Sinn des Gesetzes die Anerkennung nur deshalb zu versagen, weil dieser Sinn in dem Wortlaut der gesetzlichen Vorschrift nicht zum Ausdruck gelangt ist[86] [87]). Es besteht also grundsätzlich die Möglichkeit, auch über den Bereich der — durch die mögliche Bedeutung des Wortlautes der gesetzlichen Norm begrenzten — Auslegung hinaus dem Sinn eines Gesetzes Geltung zu verschaffen, und es richtet deshalb im allgemeinen auch keinen Schaden an, daß die Grenze zwischen Auslegung und Rechtsfindung, soweit sie durch den Wortlaut der gesetzlichen Norm gezogen wird, in der Praxis der Rechtsanwendung nicht immer scharf hervortritt und die an sich notwendige Beachtung findet[88]).

Bei der hier zu untersuchenden Rechtsanwendung ist aber nun zu beachten, daß sie sich auf eine strafrechtliche Norm bezieht. Auf dem Gebiete des Strafrechts ist infolge der Herrschaft des diesem Rechtsgebiet eigentümlichen Grundsatzes „nulla poena sine lege" nicht unbeschränkt die Möglichkeit gegeben, den Sinngehalt einer gesetzlichen Norm durch eine den Rahmen ihrer Auslegung überschreitende und damit über das Gesetz hinausgehende Rechtsanwendung zum Tragen zu bringen; soweit dieser Grundsatz Geltung beansprucht, ist vielmehr nur das eine — die Auslegung als Entfaltung des Gesetzesinhaltes — erlaubt, das andere — die Anwendung außergesetzlicher Rechtssätze — jedoch verboten, so daß im Strafrecht unbedingt zwischen der (stets erlaubten) Auslegung einerseits und der (möglicherweise untersagten) Rechtsfindung andererseits scharf unterschieden werden muß[89]).

---

[86]) Vgl. dazu u. a.: Heck Gesetzesausl. S. 87ff., 157ff., Begriffsb. S. 107f.; Huber S. 445; Rümelin S. 273f., 277ff.; Stoll S. 175ff.; Manigk S. 433f.; Danz S. 7, 19ff.; Enneccerus-Nipp. S. 200, 207ff.; Rittler S. 452ff.; Reichel S. 92ff.; Mayer Strafr. S. 84f.; auch BGHSt. 2/194 (203) = NJW. 1952 S. 593 (595) = JZ. 1952 S. 335 (338) = MDR. 1952 S. 371 (372).

[87]) Es ist also nicht richtig, wenn Reinicke (Wortl. S. 1033) feststellen, die Begrenzung der Auslegung durch die mögliche Bedeutung des Wortlautes führe in vielen Fällen zur Vereitelung des gesetzgeberischen Willens. Sie übersehen, daß die Rechtsanwendung im allgemeinen nicht beim Gesetz stehenzubleiben braucht. Insofern geht auch ihre Polemik gegen die Rechtsanwendungspraxis des BGH. (a. a. O.) fehl.

[88]) Vgl.: Enneccerus-Nipp. S. 215f.; ferner die Untersuchungen von Reinicke (Wortl. S. 1033ff.) über die Rechtsanwendungspraxis des BGH. — Die mangelhafte Trennung zwischen der Auslegung im engeren Sinne und der das Gesetz verlassenden Rechtsfindung dürfte in erster Linie damit zu erklären sein, daß jede Rechtsfindung das Verfahren der Auslegung im engeren Sinne voraussetzt; vgl. dazu u. a.: Manigk S. 433; Binding Hdb. S. 214f.; Enneccerus-Nipp. S. 207ff.

[89]) Vgl. dazu: Binding Hdb. S. 214f.; Enneccerus-Nipp. S. 210; auch Schwinge S. 1, 48f.

Der Grundsatz „nulla poena sine lege", der als eine Norm zum Schutz des Bürgers gegen obrigkeitliche und vor allem richterliche Willkür seit der Aufklärungszeit in fast alle Strafrechtskodifikationen und Verfassungsurkunden der zivilisierten Welt Eingang gefunden hat, ist im geltenden deutschen Recht dahin formuliert, daß eine Tat nur dann bestraft werden kann, „wenn die Strafbarkeit gesetzlich bestimmt war, bevor die Tat begangen wurde" (Art. 103 Abs. 2 GG. und § 2 Abs. 1 StGB. [90]). Auch im Strafrecht ist, wie aus dieser Bestimmung hervorgeht, die Anwendung außergesetzlicher Normen nicht schlechthin untersagt; wohl aber enthält dieser Satz das unbedingte Verbot, zur Strafbarkeits*begründung* auf anderes als Gesetzesrecht zurückzugreifen [91]), weil nur das Gesetz als geschriebenes Recht einem bestimmten, als „das Gesetz" verkündeten Wortlaut verhaftet ist und damit dem Rechtsunterworfenen die Gewähr gibt, daß ausschließlich ein solches Verhalten mit Strafe belegt wird, dessen Strafbarkeit für ihn erkennbar war [92]) [93]).

Die „berichtigende Auslegung" des § 246 StGB., die, wie dargestellt, eine über das Gesetz hinausgehende Rechtsanwendung bedeutet, geht nun davon aus, daß mit der unberichtigten, d. h. der gesetzlichen Norm nicht — wie es dem Sinngehalt des Unterschlagungstatbestandes entspricht — der gesamte Bereich der Zueignung fremder beweglicher Sachen zu erfassen sei. Nach der Absicht der Befürworter dieses Verfahrens soll die „berichtigende Auslegung" die Möglichkeit eröffnen, solche Fälle von Zueignung fremder beweglicher Sachen nach § 246 StGB. zu bestrafen, die bei Anwendung der unberichtigten (gesetzlichen) Norm nicht als Unterschlagung erscheinen. Gerade um

---

[90]) Die geltende Fassung des § 2 Abs. 1 StGB. beruht auf dem Dritten Strafrechtsänderungsgesetz vom 4. 8. 1953 (BGBl. I S. 735). Die bis zur Änderung der Vorschrift durch das Gesetz vom 28. 6. 1935 gültig gewesene Fassung hatte ähnlich gelautet.

[91]) Vgl.: Binding Hdb. S. 212ff.; Mezger Lhb. S. 83ff., Stdb. I S. 28; Welzel Strafr. S. 13f.; Mayer Strafr. S. 84f.; Schönke zu § 2, Anm. II u. III; Kohlrausch-Lange vor § 2a, Bem. I u. II; besonders deutlich, aber wohl allzu eng Stooss S. 64f.

[92]) Vgl. dazu: Reichel S. 64; Rittler S. 451.

[93]) Die Anerkennung des Grundsatzes „nulla poena sine lege" ist damit zugleich ein Beweis für die Richtigkeit der oben (S. 38f.) dargelegten Auffassung, daß Gesetz nur sein kann, was der sanktionierte Gesetzeswortlaut in der aus ihm selbst zu entnehmenden möglichen Bedeutung umfaßt, denn die mit diesem Grundsatz beabsichtigte Rechtsgarantie wäre sinnlos, wenn der Rechtsunterworfene sich nicht auf den ihm allein erkennbaren Ausdruck des maßgebenden Willens in dem gesetzlichen Wortlaut verlassen könnte, wenn dieser vielmehr im Einzelfall zugunsten eines in ihm nicht zum Ausdruck gelangten Sinngehaltes beiseite geschoben werden dürfte. Stooss (S. 67) hebt mit Recht die Unsicherheit hervor, die bei Zulassung eines solchen Verfahrens bestehen würde. Der nämliche Umstand dürfte auch Heck bewogen haben, abweichend von seiner grundsätzlichen Stellungnahme (s. oben S. 38 u. dort Anm. 68), für das Strafrecht die Geltung besonderer Regeln offen zu lassen (Gesetzesausl. S. 86).

dieser Ausdehnung des Unterschlagungsbereiches willen wird das Verfahren der „berichtigenden Auslegung“, in dem man die einzige Möglichkeit sieht, dem Gesetzeswillen Geltung zu verschaffen, angewandt [94]).

Unterstellt man, wie es zum Zwecke der Untersuchung der „berichtigenden Auslegung“ des § 246 StGB. auf ihre Zulässigkeit unter Zugrundelegung ihres eigenen Ausgangspunktes erforderlich ist, die Richtigkeit der Voraussetzung, geht man also von der Unzulänglichkeit des gesetzlichen Unterschlagungstatbestandes aus, so bewirkt die im Wege der Berichtigung des Gesetzes gewonnene außergesetzliche Norm eine echte Strafbegründung, denn sie wirft eine Strafe aus für Zueignungshandlungen, die als solche nach dem (unzureichenden) Gesetz nicht bestraft werden können. Damit aber verstößt die Vornahme der Berichtigung, die Anwendung der berichtigten Norm, gegen das in dem Grundsatz „nulla poena sine lege“ verankerte Verbot der Strafbegründung durch anderes als gesetztes Recht. Unter Zugrundelegung ihres eigenen Ausgangspunktes muß demnach die „berichtigende Auslegung“ des § 246 StGB. als unzulässig bezeichnet werden [95]).

Die entgegengesetzte Auffassung der Vertreter der „berichtigenden Auslegung“ des § 246 StGB. bringt am prägnantesten Binding zum Ausdruck, indem er sagt: „Wenn jene Absicht feststeht, das Festhalten an der falschen Form aber den Willen des Gesetzes zu Schanden macht, insbes. seine beabsichtigte Vollständigkeit zerstört, so ist berichtigende Auslegung notwendig: denn leugnen, daß diese auch klarem Wortlaut gegenüber statthaft ist, konnte nur das auslegungsfeindliche 18. Jahrhundert, unter dessen Bann wir leider zum Teil noch leben“ [96]). Binding ist sich dabei jedoch durchaus im klaren darüber, daß die „berichtigende Auslegung“ zu einer außergesetzlichen Strafbegründung führt, nur wertet er diese nicht als einen Verstoß gegen den Grundsatz „nulla poena sine lege“ [97]), den sie in Wahrheit darstellt. Sein Standpunkt ist nur unter Berücksichtigung

---

[94]) Vgl. insbes.: Binding Lhb. S. 276, Normen S. 1044; Mezger Stdb. II S. 110; Leipz. Komm. 7. Aufl. zu § 246, Anm. II 2.

[95]) Ebenso: Hälschner S. 348; Allfeld S. 436; Gleispach S. 8; Mühlmann-Bommel zu § 246, Anm. 4; besonders deutlich Werner; im Ergebnis auch: Frank zu § 246, Anm. II 3; Olshausen 11. Aufl. zu § 246, Anm. 8a; Bockelmann S. 7; RGSt. 19/38 (39); BGHSt. 2/317 (319) = JZ. 1952 S. 629f. = NJW. 1952 S. 796 (797) = LM. Nr. 2 zu § 246 StGB. Während die Letztgenannten zugleich einen entgegenstehenden Gesetzeswillen annehmen, begründen die Erstgenannten die Unzulässigkeit „berichtigender Auslegung“ lediglich mit dem „klaren Wortlaut“ des § 246 StGB.; sie lassen damit, wie schon erwähnt (oben S. 39 Anm. 73), erkennen, daß für sie eine Rechtsanwendung über den gesetzlichen Wortlaut hinaus nicht mehr nur Auslegung (im engeren Sinne), sondern Rechtsfindung bedeutet.

[96]) Lhb. S. 276.

[97]) Lhb. S. 213.

seiner grundsätzlich ablehnenden Haltung gegenüber dem Verbot der Strafbegründung durch ungesetztes Recht [98]) verständlich [99]).

Die später hervorgetretenen Anhänger der „berichtigenden Auslegung" des § 246 StGB. beschränken sich im wesentlichen darauf, sich an Bindings Ausführungen anzuschließen, unterziehen sich jedoch, soweit ersichtlich, mit einer Ausnahme — davon im folgenden Abschnitt — nicht selbst der Mühe, das von ihnen vertretene Verfahren auf seine Vereinbarkeit mit dem Grundsatz „nulla poena sine lege" zu überprüfen [100]). — Nicht uninteressant ist es, hier zu bemerken, daß Mezger vor 1945 zur Rechtfertigung der „berichtigenden Auslegung" des § 246 StGB. auf den die Analogie gebietenden § 2 StGB. i. d. F. des Gesetzes vom 28. 6. 1935 verwiesen hat [101]); dazu hätte ein Anlaß nicht bestanden, wenn er nicht — ebenso wie Binding und Welzel [102]) — davon ausgegangen wäre, daß dieses Verfahren nicht bei der Entfaltung des Gesetzesinhaltes stehenbleibt, sondern in eine (heute verbotene) außergesetzliche Strafbegründung mündet.

In der, soweit ersichtlich, einzigen Abhandlung, die sich nach Binding näher mit dem hier untersuchten Verhältnis zwischen der „berichtigenden Auslegung" des § 246 StGB. und dem Grundsatz „nulla poena sine lege" befaßt hat, geht Welzel [103]) von der Frage aus, auf welche Bestandteile einer Strafvorschrift sich der Satz „nulla poena sine lege" beziehe. Er entnimmt aus Art. 103 Abs. 2 GG., daß „sich die Herrschaft jenes Satzes auf die für die Strafbarkeit konstitutiven Momente", als die er die Tatbestandsmerkmale i. e. S., die Rechtswidrigkeits- und Schuldmomente und die Strafbarkeitsbedingungen i. e. S. bezeichnet, beschränke, und prüft sodann, ob sich die „berichtigende Auslegung" des § 246 StGB. auf ein solches Moment erstreckt. Diese Frage verneint Welzel mit dem (näher erläuterten) Hinweis darauf, daß „der Zusatz in § 246 „die er in Gewahrsam hat" aus Gründen der Systematik und der Gesetzesmotive kein Tatbestandsmerkmal, sondern eine Abgrenzungsformel" sei; als solche, so führt er weiter aus, unterfalle dieser Teil des § 246 StGB. nicht dem Herrschaftsbereich des Satzes „nulla poena sine lege" und sei deshalb einer „berichtigenden Auslegung" ohne weiteres zugänglich.

Die Darlegungungen Welzels vermögen, da sie von einer anfechtbaren Voraussetzung ausgehen, nicht zu überzeugen. Die Vorschrift des Art. 103 Abs. 2 GG. (als die — zusammen mit dem gleichlautenden § 2 Abs. 1 StGB. — gegenwärtig maßgebende positivrechtliche

98) Hdb. S. 27, 219f.

99) Vgl. oben S. 40 Anm. 76.

100) So beschränkt sich z. B. die Argumentation im Leipz. Komm. (7. Aufl. zu § 246, Anm. II 2) auf die Feststellung, der Wortlaut des § 246 StGB. sei „offensichtlich vergriffen".

101) Grdr. S. 258f.

102) Vgl. dazu unten S. 49.

103) Anal. S. 617f.

Fassung des Grundsatzes „nulla poena sine lege") untersagt die Strafbegründung, soweit sie nicht durch Gesetz ausgesprochen ist. Daraus ergibt sich die Notwendigkeit einer zweigeteilten Betrachtung. Das Verbot — und das ist der erste zu beachtende Punkt — betrifft nur die Strafbegründung; in dieser Hinsicht stellt Welzel richtig fest, „daß sich die Herrschaft jenes Satzes auf die für die Strafbarkeit konstitutiven Momente" beschränke. Der zweite Umstand ist der, daß das Verbot die Strafbegründung nur insoweit ergreift, als sie nicht durch Gesetz, d. h. außergesetzlich erfolgt; diesem Umstand trägt Welzel bei seiner Erörterung nicht hinreichend Rechnung: er untersucht nämlich Bestandteile gesetzlicher Vorschriften auf ihren strafbarkeitskonstitutiven Charakter, um festzustellen, ob sie dem Herrschaftsbereich des Grundsatzes „nulla poena sine lege" unterliegen. So stellt er eingangs die Frage, „auf welche Bestandteile eines Strafgesetzes" sich der Satz „nulla poena sine lege" beziehe, prüft nach der Beantwortung dieser Frage im Sinne der strafbarkeitskonstitutiven Momente „einer Strafbestimmung" gewisse Merkmale der gesetzlichen Vorschriften §§ 212 und 246 StGB. und stellt abschließend fest, daß man sich hüten müsse, „diesen Grundsatz auf gesetzliche Merkmale zu erstrecken, auf die er nach klarem verfassungsrechtlichen Wortlaut gar nicht" gelte.

Der nach Art. 103 Abs. 2 GG. und § 2 Abs. 1 StGB. auch zu prüfenden Frage, ob ein Strafbarkeitsmerkmal gesetzlich bestimmt, d. h. nicht nur in einem Gesetz enthalten, sondern auch hinreichend fest umrissen ist, kommt im Rahmen der hier anzustellenden Erwägungen keine Bedeutung zu[104]). Aber nur soweit es sich um diese Frage handelt, kann von einer Anwendung des Grundsatzes „nulla poena sine lege" auf gesetzliche Merkmale mit Grund gesprochen werden. Soweit es sich nicht um die Prüfung handelt, ob ein Strafbarkeitsmerkmal in der erforderlichen Weise gesetzlich „bestimmt" ist, unterstehen der Herrschaft dieses Grundsatzes nur außergesetzliche Elemente, und nur im Rahmen der Heranziehung außergesetzlicher Normen zur Festlegung der Strafbarkeit eines Verhaltens kann die — von Welzel mit Bezug auf Teile gesetzlicher Tatbestände angestellte — Untersuchung über die sog. „Strafbarkeitskonstitutivität" eines Merkmals für die Frage der Anwendung des Grundsatzes „nulla poena sine lege" Bedeutung gewinnen; auf gesetzlich bestimmte Merkmale, mögen sie — um weiter mit Welzel zu sprechen — „strafbarkeitsfremd" oder aber strafbarkeitskonstitutiv sein, erstreckt sich dieser Grundsatz niemals. Demnach hat die Erörterung der Strafbarkeitskonstitutivität mit dem Ziele, festzustellen, ob eine Verletzung des Grundsatzes „nulla poena sine lege" vorliegt, bei einem (in gehöriger Weise) gesetzlich bestimmten Merkmal keinen Sinn; sie kann

[104]) Vgl. zu dieser Frage: Welzel Strafr. S. 15f., Anal. S. 617; Mayer Strafr. S. 86.

sich sinnvollerweise nur auf ein zur Bestrafung herangezogenes außergesetzliches — wenngleich u. U. aus einem gesetzlichen Merkmal entwickeltes — Element beziehen. Die Feststellung, daß es sich um ein ungesetztes, ein außergesetzliches Element handelt, muß dazu notwendig vorausgehen.

Von der aufgezeigten falschen Voraussetzung aus gelangt Welzel zu einer — jedenfalls hinsichtlich der Herrschaft des Grundsatzes „nulla poena sine lege" — unrichtigen Bestimmung der strafbarkeitskonstitutiven Momente: er scheidet aus diesen die Abgrenzungsformeln schlechthin aus. Freilich ist nichts dagegen einzuwenden, daß er sagt, die Formel „ohne Mörder zu sein" im § 212 StGB. unterfalle nicht der Herrschaft des Grundsatzes „nulla poena sine lege"; dies hat seinen Grund aber nicht in dem Charakter des Merkmals als Abgrenzungsformel, sondern allein in der Tatsache, daß es ein (hinreichend bestimmter) Bestandteil einer g e s e t z l i c h e n Vorschrift ist. Das Problem einer Kollission mit dem Grundsatz „nulla poena sine lege" kommt, wie dargelegt, nur hinsichtlich eines außergesetzlichen Elementes zum Tragen. Dies gilt auch für den Fall, daß es aus einem gesetzlichen Merkmal entwickelt ist. Dabei bleibt aber für die Frage der Kollision der Charakter des im Einzelfall zugrunde liegenden gesetzlichen Merkmals gleichgültig, denn immer schon dann, wenn ein solch außergesetzliches Element bewirkt, daß eine Handlung als strafbar erscheint, die ohne dieses Element nicht, jedenfalls nicht unter dem betreffenden Gesichtspunkt strafbar wäre, trägt das ungesetzte Element strafbarkeitskonstitutiven Charakter, mag es sich — in Anlehnung an das grundlegende gesetzliche Merkmal oder abweichend von diesem — äußerlich als ein Tatbestandsmerkmal i. e. S., ein Rechtswidrigkeits- oder Schuldmoment, eine Strafbarkeitsbedingung i. e. S. oder aber als eine bloße Abgrenzungsformel präsentieren.

An einem Beispiel sei dies sichtbar gemacht:

> Die Vorschrift X lautet: Es wird wegen des Deliktes X bestraft, wer die (für X) tatbestandsmäßige Handlung vornimmt, ohne den Tatbestand Y o d e r den Tatbestand Z zu verwirklichen.

Der letztgenannte Zusatz in der gesetzlichen Vorschrift X ist ohne Zweifel eine bloße Abgrenzungsformel. Nach Welzel müßte es nun zulässig sein, diese Abgrenzungsformel aus irgendwelchen gewichtigen Gründen unter Berichtigung des Wortlautes der Bestimmung X dahin anzuwenden, daß die Vorschrift X immer schon dann eingreift, wenn — ohne Rücksicht auf die Erfüllung des Tatbestandes Z — nur der Tatbestand Y nicht verwirklicht ist. Es kann aber nicht bestritten werden, daß eine solche Rechtsanwendung strafbegründende Wirkung hätte, denn jetzt würde derjenige, der die Tatbestände X und Z zugleich erfüllt, wegen beider Delikte bestraft, obwohl nach dem klaren Gesetzeswortlaut in diesem Fall eine Strafbarkeit aufgrund der Vorschrift X nicht gegeben sein soll. Dieses Beispiel dürfte zeigen, daß es für die Strafbarkeitskonstitutivität nicht auf den Charakter irgendeines Bestandteiles einer gesetzlichen Vorschrift ankommen kann, sondern allein auf die Wirkungsweise des in Frage stehenden außergesetzlichen Normelementes, d. h. also darauf, ob ein solches Element die Strafbarkeit eines bestimmten Verhaltens unter einem bestimmten Gesichtspunkt begründet. In einem solchen Fall ist immer der Grundsatz „nulla poena sine lege" verletzt.

Das besondere, hier abgelehnte Verfahren Welzels zur Bestimmung der Strafbarkeitskonstitutivität einer über das Gesetz hinausgehenden Rechtsanwendung liegt seiner Stellungnahme zu der „berichtigenden Auslegung" des § 246 StGB. zugrunde. Die Vorfrage, ob dieses Verfahren bei der Entfaltung des Gesetzesinhaltes stehenbleibt oder zur Bildung einer außergesetzlichen Norm führt, hat Welzel inzidenter in letzterem Sinne entschieden, denn sonst hätte für ihn das Problem der Vereinbarkeit dieses Verfahrens mit dem Grundsatz „nulla poena sine lege" bei der genannten Vorfrage erledigt sein müssen [105]). — Welzel sucht, worin ihm sicher zu folgen ist, die Lösung des Problems aus dem Bedeutungsinhalt des Satzteiles „die er in Besitz oder Gewahrsam hat" zu gewinnen; aus der Erkenntnis, daß diesem Satzteil „aus Gründen der Systematik und der Gesetzesmotive" in der gesetzlichen Vorschrift nur die Rolle einer Abgrenzungsformel zufalle [106]), zieht er aber nun — im Anschluß an seine oben mitgeteilte grundsätzliche Stellungnahme — sogleich die Folgerung, daß jede Änderung dieser Abgrenzungsformel, hier also ihre Einkleidung in eine negative Fassung, durch eine berichtigende Rechtsfindung (welche ja die „berichtigende Auslegung" auch nach seiner Auffassung darstellt) zulässig sei. Damit verfehlt Welzel die richtige Methode, denn die Frage der Strafbarkeitskonstitutivität der „berichtigenden Auslegung" des Gesetzes ist, wie oben dargelegt, nicht aus dem Charakter des Objektes der Berichtigung, des „ausgelegten" Bestandteiles der gesetzlichen Vorschrift, sondern allein an Hand der Wirkungsweise des durch die Berichtigung gewonnenen ungesetzten Rechtssatzes zu entscheiden.

Die „berichtigende Auslegung" des § 246 StGB. soll, wie aufgezeigt, nach der Absicht all ihrer Verfechter, auch derjenigen Welzels, die Unterschlagungsstrafbarkeit über den Rahmen des mit der unberichtigten Norm erfaßbaren Bereiches hinaus erweitern. Von diesem Standpunkt aus muß demnach das Verfahren, wie bereits festgestellt,

105) Für Welzel ist im übrigen ja schon jede „ausdehnende" Auslegung nicht mehr Auslegung im engeren Sinne (vgl. oben S. 40 Anm. 76).

106) In Wahrheit ergibt sich die Tatsache, daß das Besitz-Gewahrsams-Merkmal nur der Abhebung der Unterschlagung vom Diebstahl, nicht auch der Beschränkung des Unterschlagungsbereichs dienen soll, aus den Motiven (s. oben S. 26ff.) und aus dem Zweck der Vorschrift (s. oben S. 33ff.), nicht aber auch aus dem Systemzusammenhang (s. oben S. 32f.).

als ein Verstoß gegen den Grundsatz „nulla poena sine lege" und damit als unzulässig erscheinen.

Da, wie schon erwähnt[107]), von einer gewohnheitsrechtlichen Bildung im Sinne der „berichtigenden Auslegung" des § 246 StGB. nicht zu reden ist, erübrigt sich eine Untersuchung der Frage, ob Gewohnheitsrecht für sein Anwendungsgebiet den Grundsatz „nulla poena sine lege" außer Kraft setzen kann[108]).

IV. Besitz und Gewahrsam als Substrat der Zueignung.

Die bisherigen Untersuchungen haben zu folgendem Ergebnis geführt:

Der Sinngehalt des § 246 StGB., dem die Festlegung des Anwendungsbereiches dieser Vorschrift nach Möglichkeit gerecht werden muß, ist in der vollständigen Erfassung des gesamten Gebietes der Zueignung fremder beweglicher Sachen mit Ausnahme der dem Diebstahlstatbestand einzuordnenden Fälle zu erblicken. Dieser Sinngehalt wird, wenn man auf die bisher vertretenen Auffassungen sieht, nur von der „berichtigenden Auslegung" richtig zur Geltung gebracht. Das Verfahren der „berichtigenden Auslegung" des § 246 StGB. stellt sich jedoch, da es in der möglichen Bedeutung des Wortlautes dieser Norm keine Stütze mehr findet, als eine über das Gesetz hinausgehende, eine außergesetzliche Rechtsanwendung dar. Unter Zugrundelegung des ihm eigenen Ausgangspunktes, daß die unberichtigte (gesetzliche) Norm zu eng sei, wurde es wegen seiner daraus folgenden strafbegründenden Wirkung im Hinblick auf den Grundsatz „nulla poena sine lege" als unzulässige Rechtsanwendung erkannt.

Mit den dargelegten Erkenntnissen ist der einzuschlagende Lösungsweg vorgezeichnet. Da, um der Unterschlagungsnorm die ihr zugedachte umfassende Anwendungsmöglichkeit in *zulässiger* Weise eröffnen zu können, nicht über die mögliche Bedeutung des Wortlautes der Vorschrift hinausgegangen werden darf, ist — anders als bei dem Verfahren der „berichtigenden Auslegung" — das positive Erfordernis von Besitz oder Gewahrsam im Unterschlagungstatbestand zur Grundlage der Lösung zu nehmen. Eine Abweichung von der positiven Bedeutung dieses Merkmals könnte nämlich — entsprechend dem Ausgangspunkt der „berichtigenden Auslegung" — nur damit begründet werden, daß das Merkmal, positiv verstanden, den Unterschlagungstatbestand notwendig weitergehend beschränke, als es dem Sinngehalt dieser Vorschrift entspricht. Bei einer solchen Sachlage aber trüge, wie die Betrachtung der „berichtigenden Auslegung" gelehrt hat, die Abweichung vom Wortlaut mit dem Ziele

107) Oben S. 42 Anm. 85.

108) Bejahend z. B. Bockelmann S. 8 und Gerland S. 67; verneinend dagegen u. a. Wachenfeld S. 40 (mit überzeugender Begründung), anscheinend auch Welzel Strafr. S. 14ff.

der Ausdehnung des Tatbestandes zugleich den Verstoß gegen das Verbot der Strafbegründung durch ungesetztes Recht in sich, der das eingeschlagene Verfahren — ebenso wie die „berichtigende Auslegung" des § 246 StGB. — als unzulässig erscheinen lassen müßte.

Ist demnach die positive Bedeutung des Besitz-Gewahrsams-Merkmals im Unterschlagungstatbestand die unabdingbare Grundlage des Lösungsversuchs, so kann das scheinbar aus dem Gesetzeswortlaut sich ergebende Erfordernis zeitlicher Aufeinanderfolge von Besitz- oder Gewahrsamsbegründung und Zueignung von vornherein aus dem Kreis der Betrachtung ausgeschieden werden, denn es ist oben [109]) dargelegt worden, daß die Einbeziehung der Fälle, in denen sich die Zueignung bereits gleichzeitig mit der Besitz- oder Gewahrsamsbegründung vollzieht, in die Unterschlagungsstrafbarkeit den Rahmen der bloßen Entfaltung des Gesetzesinhaltes nicht verläßt. Soweit es sich um die Erfassung dieser Fälle handelt, ist also das Problem einer dem Sinngehalt des § 246 StGB. nicht entsprechenden Beschränkung des Unterschlagungsbereiches durch den Gesetzeswortlaut nicht gegeben.

Es steht somit nur noch die etwaige Beschränkung des Unterschlagungsbereiches durch die Begriffe „Besitz" und „Gewahrsam" in Frage, wie sie die engen Auffassungen und die „berichtigende Auslegung" in ihrem Ausgangspunkt als gegeben ansehen. Unter diesem Blickwinkel kann der auf die volle Entfaltung des Sinngehaltes der Unterschlagungsnorm abzielende, jedoch auf der positiven Bedeutung des Besitz-Gewahrsams-Merkmals aufbauende Lösungsversuch nur dahin gehen, in der zur Unterschlagung erforderlichen Besitz-Gewahrsams-Beziehung nicht ein einschränkendes Tatbestandsmerkmal, sondern lediglich ein Substrat der Zueignung zu erblicken. Das würde heißen, daß der Zueignungsbegriff die Begriffe „Besitz" und „Gewahrsam" überdeckte, daß diese nur einen Teil des Wesens jeder Zueignung einer fremden beweglichen Sache umschrieben und daß folglich in allen denkbaren Zueignungsfällen zugleich das Erfordernis von Besitz oder Gewahrsam erfüllt wäre. Nur wenn in solcher Weise die Zueignung als die Unterschlagungshandlung das Besitz-Gewahrsams-Merkmal begrifflich einschließt, ist nicht mehr von einer einschränkenden Wirkung dieses Merkmals zu reden [110]).

---

[109]) S. 40ff.

[110]) Die Idee, daß die Zueignung das Vorliegen einer Besitz- oder Gewahrsamsbeziehung des Zueignungstäters zur Sache in sich begreife und daß dieses Merkmal folglich den als Unterschlagung erfaßbaren Zueignungsbereich nicht beschränke, liegt, wie dargestellt, den Motiven zugrunde (s. oben S. 26ff.). Die gleiche Ansicht findet sich bei Kujawa S. 15; sie hat anscheinend auch die Stellungnahme im Leipz. Komm. (4. Aufl. zu § 246, Anm. 2) bestimmt. Die Genannten lassen sich allerdings nicht über den Inhalt der Begriffe „Besitz" und „Gewahrsam" aus (im Leipz. Komm. 4. Aufl. findet sich eine Definition nur beim Diebstahl — zu § 242, Anm. I 2).

Wenn Besitz und Gewahrsam als ein bloßes Substrat der Zueignung erscheinen sollen, so liegt es auf der Hand, daß die Inhaltsbestimmung dieser Begriffe nicht die gleiche sein kann, wie sie den engen Auffassungen eigen ist, denn diese vermögen mit ihren Begriffsbestimmungen — das wurde oben [111]) gezeigt — nicht alle denkbaren Zueignungsfälle in den Unterschlagungstatbestand einzubeziehen. Eine Bindung an diese Begriffsbestimmungen ist allerdings auch nicht vonnöten. Aus der Tatsache, daß der — entscheidend nach Zweckgesichtspunkten zu beurteilende — Sinn einer gesetzlichen Vorschrift ihren verbindlichen Inhalt ausmacht, folgt, daß bei jeder Auslegung die Bedeutung der Einzelbegriffe sich dem Sinngehalt der ganzen Vorschrift unterzuordnen hat und in erster Linie aus diesem abzuleiten ist [112]). Als unverrückbare Grenze bleibt dabei nur der aus dem Wortlaut selbst in dem betreffenden Zusammenhang als möglich erkennbare Wortsinn zu beachten. — Bei den Begriffen „Besitz" und „Gewahrsam" wird sich die Inhaltsbestimmung in jedem Fall daran zu halten haben, daß diese Begriffe nach ihrer möglichen Bedeutung nichts anderes bezeichnen können als ein äußeres Verhältnis der Herrschaft einer Person über eine Sache [113]). Dem Zueignungsbegriff muß also, wenn ihm die Begriffe „Besitz" und „Gewahrsam" inne wohnen sollen, zum wenigsten ein äußeres Herrschaftsverhältnis zwischen dem Zueignungstäter und dem Zueignungsobjekt eigentümlich sein.

Das Wort „Sichzueignen" weist, zum mindesten etymologisch, auf den zivilrechtlichen Eigentumsbegriff hin und müßte, wenn es die Bezeichnung für einen rechtlichen Vorgang wäre, das „Sich-zu-eigen-Machen" der Sache, den Erwerb des Eigentumsrechtes an dem Zueignungsobjekt bedeuten. Es steht aber nun außer Zweifel, daß es sich bei der Zueignung im strafrechtlichen Sinne nicht um eine rechtliche Einwirkung auf die Eigentumsverhältnisse am Zueignungsobjekt, sondern um ein nach natürlichen Gesichtspunkten zu beurteilendes rein tatsächliches Geschehen handelt [114]) [115]). Gleichwohl kann die in dem Wort liegende Hinweisung auf den Eigentumsbegriff für die Erfassung des natürlichen Geschehens der Zueignung nicht gleichgültig sein.

In mehr oder minder weitgehender Weise lehnt sich die sog. for-

---

[111]) S. 11ff.

[112]) Vgl. dazu u. a.: Wach S. 257, 269; Danz S. 184ff.

[113]) Vgl.: Siebert S. 14; auch Widmann Laemmert S. 15.

[114]) Vgl. u. a.: Binding Lhb. S. 264, Normen S. 1038; Gleispach S. 8f.; Mezger Stdb. II S. 113; Grünhut S. 17; Feldscher S. 3; Schappei S. 6.

[115]) Die Feststellung, daß die strafrechtliche Zueignung nicht den Erwerb des Eigentumsrechtes meint, schließt natürlich nicht aus, daß der als Zueignung zu wertende Vorgang dem Täter zugleich Eigentum verschafft (z. B. bei Verbindung, Vermischung oder Verarbeitung gem. §§ 946ff. BGB.); vgl. dazu: Gleispach S. 46f.; Krebs S. 11f.; Schappei S. 6.

male oder Sachsubstanztheorie bei der Inhaltsbestimmung des Zueignungsbegriffes an das zivilrechtliche Eigentum an. Sie definiert die Zueignung als „die Anmaßung eines tatsächlichen, der Eigentümerstellung gleichen Machtverhältnisses an der fremden Sache“ [116]), als „die Herstellung eines faktischen Verhältnisses“ zur Sache, dem „es nur an der rechtlichen Sanktion mangelt, um Eigentumsverhältnis zu sein“ [117]), oder aber auch nur als die „Ausübung des Eigentumsinhaltes“ [118]) [119]). Diese Auffassung entnimmt also die Kriterien für den Zueignungsbegriff dem äußeren Erscheinungsbild der zivilrechtlichen Eigentumsherrschaft. Damit ist ihre Stellungnahme zu der Frage, ob die Zueignung eine äußere Machtbeziehung des Zueignungstäters zum Zueignungsobjekt erfordert, vorgezeichnet. Zum Eigentumserwerb an beweglichen Sachen — die hier allein in Rede stehen — gehört nach den Regeln des Zivilrechtes begriffsnotwendig eine äußere Herrschaftsbeziehung des Erwerbers zur Sache, der zivilrechtliche Besitz. Ohne gleichzeitige oder voraufgegangene Besitzbegründung kann weder derivativ [120]) noch originär [121]) Eigentum erworben werden. Ebenso ist von einer Ausübung des Eigentumsrechtes nur innerhalb der Besitzbeziehung zu sprechen. Soll nun die strafrechtliche Zueignung in ihrem äußeren Erscheinungsbild dem zivilrechtlichen Eigentumserwerb oder der Ausübung des Eigentumsrechtes vergleichbar sein, so muß sie eine dem zivilrechtlichen Besitz wenigstens ähnliche äußere Herrschaftsbeziehung des Täters zur Sache erfordern [122]).

Nicht so klar liegt die aufgezeigte Folgerung für die sog. Sachwerttheorie auf der Hand. Diese Auffassung sieht das Wesen der Zueignung nicht in einer formal der Eigentumsherrschaft vergleichbaren Stellung des Täters zur Sache; ausgehend davon, daß der Strafrechtsschutz gegen Zueignung nicht der Sachsubstanz als solcher, sondern nur der Sache als Wertgegenstand, als Mittel zur Befriedigung menschlicher Bedürfnisse gelten könne [123]), und daß es auch dem

---

116) Leipz. Komm. 7. Aufl. vor § 242, Bem. III 1; ähnlich Welzel Strafr. S. 156.

117) Binding Normen S. 1036f., ähnlich Lhb. S. 267f.

118) v. Liszt-Schmidt S. 617; v. Hippel S. 239; auch Welzel Strafr. S. 156.

119) Vgl. ferner die Übersicht bei Schappei S. 9ff.

120) Vgl. z. B. die §§ 929—931, 956 BGB.

121) Betrachte hierzu die §§ 932—934, 937, 955, 957, 958 BGB.

122) Diese Konsequenz kommt am klarsten bei Eckstein (S. 286) zum Ausdruck: „Zueignung ist die unter der Voraussetzung eines körperlichen Verhältnisses zur Sache (corpus; mittelbarer oder unmittelbarer Besitz) vorgehende Entstehung des animus dominandi“. — Nach Binding (Lhb. S. 246, 268f.) gehört zur Aneignung die Besitzergreifung, sofern nicht der Täter die Sache schon besitzt. — v. Hippel (S. 239) stellt das Erfordernis einer äußeren Machtbeziehung dadurch heraus, daß er die Zueignung als die „rechtswidrige Ausübung des Eigenbesitzes“ bezeichnet. — Von der gleichen Voraussetzung müssen die oben S. 51 Anm. 110 Genannten ausgehen.

123) Zimmer S. 74ff.

Zueignungstäter nur um die eigene Bedürfnisbefriedigung zu tun sei [124]), versteht diese Theorie unter der Zueignung die Überführung des der Sache anhaftenden Wertes aus dem Vermögen ihres Eigentümers in das des Zueignungstäters [125]) [126]).

Es hat sich gezeigt, daß auch die Sachwerttheorie, will sie die Zueignung als Wertüberführung von anderen, nicht unter den Zueignungsbegriff zu fassenden Formen der Nutzbarmachung des Sachwertes abgrenzen, nicht völlig auf formale Gesichtspunkte verzichten kann [127]). Das klassische Beispiel dafür ist der in RGSt. 55/59 behandelte Fall, daß jemand einem anderen einen Hund, der diesem zugelaufen ist, entwendet und ihn dem Eigentümer zurückbringt, um sich die von diesem ausgesetzte Belohnung zu verdienen. Mit Recht hat hier das RG. eine Zueignung verneint, denn eine solche kann nicht schon in der Nutzbarmachung des einer Sache anhaftenden Wertes schlechthin gefunden werden, sondern nur in der Gewinnung des Wertes, der den Eigentumsinhalt ausmacht [128]) und der damit dem „se ut dominum gerere", dem Sich-zur-Sache-Stellen wie der Eigentümer entfließt [129]). Dieses formale Sich-zur-Sache-Stellen wie der Eigentümer, sei es auch nur mit dem Ziele der Gewinnung des Wertes der Sache (ohne Rücksicht auf das Schicksal der Substanz), ist also in jedem Falle zur Erfüllung des Zueignungsbegriffes erforderlich.

Das Erscheinungsbild des „se ut dominum gerere" kann sich nun nicht allein aus dem Willen eigentumsgleicher Beherrschung ergeben, sondern setzt notwendig eine äußere Machtbeziehung des Täters zur Sache, d. h. zur Sachsubstanz als dem (u. U. nur vorüber-

---

124) Sauer Diss. S. 39ff., Zueign. S. 285f.

125) Frank zu § 242, Anm. VII 2a; wohl auch Olshausen 12. Aufl. zu § 242, Anm. 25a; vgl. ferner Schappei S. 26ff.

126) Eine Stellungnahme zu den Theorien ist hier nicht erforderlich; sehr aufschlußreich dazu insbes.: Schaffstein S. 292ff.; Kohlrausch-Lange zu § 242, Anm. III 2b; ferner: Mezger Stdb. II S. 113f.; Welzel Strafr. S. 156f.; Leipz. Komm. 7. Aufl vor § 242, Bem. III. — In zunehmendem Maße wird eine Vereinigung beider Theorien als die zutreffende Lösung des Zueignungsproblems angesehen (Schaffstein S. 302ff.; Kohlrausch-Lange a. a. O.; Schönke zu § 242, Anm. VIII 2a; Maurach S. 190; im Ergebnis auch: Mezger Stdb. II S. 114; Welzel Strafr. S. 157).

127) Schaffstein S. 305; Olshausen 12. Aufl. zu § 242, Anm. 25a; Kohlrausch-Lange zu § 242, Anm. III 2b; vgl. auch die Darstellung der Sachwerttheorie bei Schappei S. 7 und Feldscher S. 18ff.

128) Schaffstein S. 305.

129) Dies betonen mit Recht Kohlrausch-Lange zu § 242, Anm. III 2b; vgl. auch: Welzel Strafr. S. 156; Leipz. Komm. 7. Aufl. vor § 242, Bem. III 1. — Bei Olshausen (12. Aufl. zu § 242, Anm. 25a) wird eine Verfügung verlangt, „die mit der des Eigentümers verglichen werden kann". — Krebs (S. 131) setzt zur Einverleibung in das eigene Vermögen „die Begründung tatsächlicher Verfügungsgewalt voraus". — Auch nach der Darstellung Schaffsteins (S. 293), der ja für eine Vereinigung beider Theorien eintritt (s. oben Anm. 126), ist die Erlangung tatsächlicher Verfügungsmacht in jedem Fall Mindesterfordernis der Zueignung.

gehenden) Träger ihres für Eigentümer und Zueignungstäter interessanten Wertes voraus. Erst „animus dominandi", der Wille zu eigentumsgleicher Beherrschung, und „corpus", die äußere Machtbeziehung zur Sache, ergeben das Bild der Eigentümerstellung [130]).

Zur Erläuterung des hier Gesagten diene folgender Fall:

> A hat ein entliehenes Buch im Besitz, weiß aber nicht mehr, wem es gehört. Er veräußert es daraufhin an B. C, der davon erfährt, gibt sich A gegenüber wahrheitswidrig als Eigentümer aus und verlangt von ihm die Herausgabe des Verkaufserlöses. A kommt in der Annahme, er habe das Buch tatsächlich von C entliehen gehabt, diesem Verlangen nach.

Niemand wird bestreiten wollen, daß C sich hier den Sachwert, den das Buch verkörpert, genau so verschafft, wie ihn vorher A seinem Vermögen zugeführt hat. Unzweifelhaft hat sich aber nur A das Buch „zugeeignet"; der Grund liegt darin, daß nur er das Buch zugleich wie ein Eigentümer tatsächlich beherrscht und aus dieser Herrschaft den erstrebten Wert der Sache gewonnen hat, während C, der sich mit seinem Auftreten gegenüber A auch das Eigentumsrecht an dem Buche anmaßt, nicht in einer solchen tatsächlichen Machtbeziehung zur Sache steht, die allein seiner Anmaßung die zur Erfüllung des Zueignungsbegriffes erforderliche Realität verleihen könnte.

Nicht anders bietet sich die Sachlage in dem folgenden Fall dar:

> A hat dem Antiquar B ein Buch verkauft und zugesandt mit dem Bemerken, den Kaufpreis werde er gelegentlich eines Besuches bei B entgegennehmen. C, der davon erfährt, sucht B auf, gibt sich ihm (der A persönlich nicht kennt) als A aus und nimmt das Geld in Empfang.

In diesem Fall hat C ebenfalls den Sachwert des Buches seinem Vermögen zugeführt, aber auch hier hat er sich das Buch nicht „zugeeignet", weil die bloße Anmaßung des Eigentums die zur Eigentümerstellung erforderliche tatsächliche Machtbeziehung nicht zu ersetzen vermag.

Die Betrachtung der angeführten Beispiele, die sich leicht um weitere vermehren ließen, läßt eine Tatsache hervortreten, welche bei der Erörterung des Theorienstreites vielfach verkannt wird: Sachsubstanz- und Sachwerttheorie unterscheiden sich nicht eigentlich in dem Erfordernis eigentumsgleicher Herrschaft über die Sache — eine solche Beherrschung der Sache ihrer Substanz nach setzen in Wahrheit beide Auffassungen voraus —, sondern nur in dem verschieden gesehenen Ziel dieser Sachbeherrschung: während die Sachsubstanztheorie den dauernden Ausschluß des Berechtigten von der Substanz und ihre endgültige Gewinnung für den Zueignungstäter verlangt, ist nach der Sachwerttheorie das Ziel der Beherrschung die Entziehung und Ge-

---

[130]) Siehe dazu die Ausführungen oben S. 53 u. dort Anm. 122.

winnung des Eigentumswertes, mag die Substanz an den Berechtigten zurückgelangen oder der Vernichtung anheimfallen [131]).

Noch unter einem anderen Gesichtspunkt ist das hier Dargelegte zu erhärten. Die Zueignung trägt bekanntlich ein doppeltes Gesicht: sie ist, vom (verletzten) Eigentümer aus gesehen, Enteignung, d. h. die vollständige Verdrängung seiner (formalen) Herrschaft oder — im Sinne der Sachwerttheorie — die völlige Entwertung der Sache für ihn, vom Täter aus gesehen, Aneignung, d. h. der Gewinn der (formalen) Herrschaft oder der dem Wertverlust auf der Eigentümerseite entsprechende Wertzuwachs [132]). Von einer Verdrängung der formalen Herrschaft des Eigentümers, gleich in welcher Form sie besteht, durch die Herrschaftsanmaßung eines anderen wie auch von einer Entwertung der Sache durch ein auf Wertüberführung gerichtetes Verhalten des anderen kann nun jedenfalls so lange nicht die Rede sein, als dieser andere nicht in einer tatsächlichen Herrschaftsbeziehung zu der Sache steht oder durch die Begründung einer solchen Beziehung in das bestehende Verhältnis eingreift [133]).

Auch das sei an einem Beispiel erläutert:

> A, der ein Stück Land erworben hat, sieht auf dem Nachbarfeld einen Pflug stehen. In der Annahme, B sei der Eigentümer, geht er zu diesem und fragt ihn, ob er ihm den Pflug verkaufe. B, der weiß, daß Feld und Pflug dem C gehören, tätigt den Verkauf, läßt sich den Pflug bezahlen und „ermächtigt“ den A, den Pflug an sich zu nehmen. Bevor A dazu kommt, dies zu tun, schafft C den Pflug vom Felde fort.

---

[131]) Vgl. die dem entsprechende, sich von den sonst zu findenden Darstellungen abhebende Behandlung des Theorienstreites bei Kohlrausch-Lange (zu § 242, Anm. III 2b), wo unter Voranstellung einer einheitlichen, die gemeinsamen Gesichtspunkte enthaltenden Definition des Zueignungsbegriffes mit Recht nur hinsichtlich des „Was“ der Zueignung zwischen den Theorien unterschieden wird. Eine ähnliche Stellungnahme findet sich bei Olshausen 12. Aufl. zu § 242, Anm. 25a.

[132]) Vgl. dazu: Binding Lhb. S. 257, 264ff., Normen S. 1036; Schaffstein S. 293, 297, 308ff.; Welzel Strafr. S. 157; Leipz. Komm. 7. Aufl. vor § 242, Bem. IV; Kohlrausch-Lange zu § 242, Anm. III 2b.

[133]) So bezeichnet Sauer, einer der entschiedensten Vertreter der Sachwerttheorie, die „Herstellung des räumlichen Verhältnisses, das die Verwertung ermöglicht“, als eine Voraussetzung der Zueignung, wobei er dieses räumliche Verhältnis „Gewahrsam“ nennt (Zueign. S. 289); entsprechend versteht er unter Sichzueignen „die Verfügungsmacht über die Sache herstellen zwecks Verwertung für sich unter Entwertung oder Wertminderung für den Berechtigten“ (Diss. S. 71, ähnlich Zueign. S. 288); vgl. ferner Gleispach S. 16. — Auch Schaffstein kann, da er den Zueignungsbegriff — was methodisch richtig sein dürfte — wesentlich von der negativen Seite, der Eigentumsverletzung her bestimmen will (S. 308f.), folgerichtig diesen Begriff nur als erfüllt ansehen, wenn in tatsächlicher Hinsicht in die äußere Beziehung des Eigentümers zur Sache durch den Zueignungstäter eingegriffen ist; er hält die Herstellung von Verfügungsmacht für das Mindesterfordernis der Zueignung (S. 293).

Es wird nicht behauptet werden können, B habe sich durch die geschilderte Handlung den Pflug des C zugeeignet. Zwar hat er sich das Eigentum angemaßt und auch den Wert des Pfluges in Form des von A erhaltenen Kaufpreises seinem Vermögen zugeführt, aber von einer Verdrängung des C aus seiner Stellung oder einer Entwertung der Sache für ihn ist nicht zu reden. Hier hätte erst der tatsächliche Zugriff seitens des (gutgläubigen) A die Zueignung bewirken können[134].

Es darf sonach festgestellt werden, daß, gleich welcher Zueignungstheorie man anhängt, das Vorliegen einer äußeren Herrschaftsbeziehung zwischen Person und Zueignungsobjekt ein begriffliches Merkmal der Zueignung ist.

Mit der Tatsache, daß einerseits die Begriffe „Besitz“ und „Gewahrsam“ ein äußeres Herrschaftsverhältnis zwischen einer Person und einer Sache bezeichnen, daß andererseits dem Zueignungsbegriff ein äußeres Herrschaftsverhältnis zwischen dem Zueignungstäter und dem Zueignungsobjekt — als solches kommt auch nur eine körperliche Sache in Betracht[135]) — notwendig inne wohnt, ist die erste Voraussetzung für ein essentielles Aufgehen der Begriffe „Besitz“ und „Gewahrsam“ im Zueignungsbegriff erfüllt. Der nächste Schritt muß sein, das äußere Herrschaftsverhältnis der Zueignung näher zu umreißen und in Vergleich zu setzen zu demjenigen, welches sich in den Begriffen „Besitz“ und „Gewahrsam“ unterbringen läßt, denn erst diese Untersuchung kann zeigen, ob die Überdeckung der Begriffe, die allein die angestrebte Lösung des Problems ermöglicht, tatsächlich vertretbar ist.

Ausgangspunkt der Betrachtung ist die Erkenntnis, daß die in Anlehnung an die zivilrechtliche Eigentümerstellung nach formalen Gesichtspunkten zu bestimmende eigentumsähnliche Beherrschung der Sache ein essentielles Moment der Zueignung darstellt[136]). Zum Erwerb zivilrechtlichen Eigentums an beweglichen Sachen gehört als äußere Machtbeziehung der zivilrechtliche Besitz[137]). Da er zum Rechtserwerb selbst ausreicht, muß er auch als Bestandteil für die diesem Rechtserwerb nur in natürlicher Hinsicht gleichkommende strafrechtliche Zueignung genügen[138]). Dies gilt nicht nur für die Grundform des zivilrechtlichen Besitzes, den unmittelbaren Besitz (§ 854 BGB.), sondern auch für den mittelbaren und den bloß fik-

---

[134]) So kann sich die Zueignung einer in fremdem Besitz stehenden fremden Sache durch die Einweisung eines anderen in das Besitzverhältnis stets nur in Verbindung mit dem tatsächlichen Eingriff in das bestehende Besitzverhältnis, der „Wegnahme“ der Sache, vollziehen (vgl. Leipz. Komm. 7. Aufl. vor § 242, Bem. VI 2).

[135]) Vgl. hierzu die Untersuchungen von Wolf S. 44ff., insbes. S. 70.

[136]) Siehe oben S. 55.

[137]) Siehe oben S. 53.

[138]) Vgl. dazu die Ausführungen oben S. 53 Anm. 122.

tiven sog. Erbenbesitz des bürgerlichen Rechtes (§§ 868, 857 BGB.). Daß die „brevi-manu"-Veräußerung einer fremden Sache gem. § 929 S. 2 BGB. wie auch die rechtswidrige Veräußerung eines Nachlaßgegenstandes durch den nur nach § 857 BGB. besitzenden Miterben den Zueignungsbegriff erfüllt, ist oben [139]) dargelegt worden.

Das der strafrechtlichen Zueignung wesentliche äußere Herrschaftsverhältnis kann nicht auf den zivilrechtlichen Besitz beschränkt sein. Eine solche Anschauung würde dem Wesen der Zueignung als einem natürlichen, nicht von konstruktiven Gegebenheiten abhängigen Geschehen nicht gerecht werden. Es ist bereits der Fall der „brevi-manu"-Veräußerung besprochen worden, in dem zwar die Beteiligten vom Vorliegen eines gültigen Besitzmittlungsverhältnisses ausgehen, in dem aber ein solches wegen der Geschäftsunfähigkeit eines der Partner in Wahrheit nicht zustande gekommen ist [140]). Dieser Umstand kann für die strafrechtliche Beurteilung keine Bedeutung gewinnen, da der Wertung durch den Straftatbestand nicht ein in seiner Charakteristik von Rechtsverhältnissen bestimmtes Geschehen, sondern Lebensvorgänge unterworfen sind. Wie das strafrechtliche „Sich-zu-eigen-Machen" nicht Eigentumserwerb bedeutet, sondern nur das tatsächliche Sichverschaffen der eigentümerähnlichen Stellung, so kommt als die zu diesem Begriff erforderliche äußere Herrschaftsbeziehung nicht nur zivilrechtlicher Besitz, sondern jedes diesem in tatsächlicher Hinsicht gleichkommende äußere Machtverhältnis in Betracht. Entsprechend den Besitzformen des unmittelbaren und des mittelbaren Besitzes kann dieses tatsächliche Machtverhältnis in dem unmittelbaren Innehaben der Sache wie auch in einem nur mittelbaren Innehaben gesehen werden; dabei ist das mittelbare Innehaben so zu denken, daß der unmittelbare Inhaber der Sache diese rein tatsächlich, also ohne daß es auf das Bestehen eines bestimmten Rechtsverhältnisses ankäme, für einen anderen inne hat. Die Mittlung wird in diesem Fall allein durch den natürlichen Willen, die Sache für den anderen zu halten, hergestellt.

Nach dem hier Gesagten läßt sich das dem Zueignungsbegriff essentielle äußere Herrschaftsverhältnis dahin umreißen, daß es sowohl den zivilrechtlichen Besitz in all seinen Erscheinungsformen als auch das rein tatsächliche unmittelbare oder (durch den natürlichen Willen des Mittlers hergestellte) mittelbare Innehaben der Sache umfaßt, wobei die Frage, wann ein unmittelbares Innehaben, sei es nur für sich oder sei es für einen anderen, gegeben ist, nach den Regeln der Verkehrsauffassung und Lebensanschauung zu entscheiden sein dürfte [141]).

---

139) S. 16 und 17f.

140) Oben S. 17.

141) Insoweit kann auf die zur Bestimmung des Gewahrsamsverhältnisses in Literatur und Rechtsprechung herausgearbeiteten Grundsätze verwiesen werden (vgl. oben S. 14f.).

Ob sich mit den Begriffen „Besitz“ und „Gewahrsam“, wie sie der Unterschlagungstatbestand verwendet, das äußere Herrschaftsverhältnis der Zueignung in dem hier umrissenen Umfang überdecken läßt, hängt, wie oben [142]) schon ausgeführt, allein von dem aus den Worten selbst in dem betreffenden Zusammenhang erkennbaren möglichen Wortsinn ab.

Unter „Besitz“ läßt sich ohne Schwierigkeiten der eine Teil der aufgezeigten Herrschaftsbeziehung, der zivilrechtliche Besitz einordnen; nicht nur das, die Herbeiführung der Begriffsgleichheit zwischen der Strafrechtsnorm und dem Zivilrecht dürfte geradezu der Idealfall der Begriffsbestimmung sein [143]).

Als „Gewahrsam“ ist bisher schon allgemein die tatsächliche, allerdings nur unmittelbare Innehabung einer Sache bezeichnet worden [144]). Wie der Besitz nach der Regelung des Zivilrechtes nicht notwendig unmittelbare Sachherrschaft bedeutet, so besteht auch kein Zwang, unter Gewahrsam nur die unmittelbare Innehabung der Sache zu verstehen; ebensogut kann dem Begriff das durch rein tatsächliche Beziehungen zwischen zwei Personen hergestellte mittelbare Innehaben eingeordnet werden. Es ist also, wie beim Besitz, von unmittelbarem und mittelbarem Gewahrsam zu reden [145]).

Die verschiedenartige Bedeutung der verschiedenen Bezeichnungen „Besitz“ und „Gewahrsam“ entspricht dem natürlichen Eindruck, den die Verwendung beider Begriffe nebeneinander hervorruft [146]).

Gegen die hier vorgeschlagene Inhaltsbestimmung der Begriffe „Besitz“ und „Gewahrsam“ kann nicht ein abweichender Gesetzessprachgebrauch ins Feld geführt werden — abgesehen davon, daß ein solcher nicht einen durchgreifenden Einwand liefern würde [147]). Beim „Besitz“ ist im Gegenteil die Begriffsgleichheit mit dem Zivilrecht hergestellt; andere Strafnormen, in denen von Besitz die Rede ist (z. B. § 245a StGB.), vertragen die hier für § 246 StGB. vorgeschlagene Auslegung in gleicher Weise. Davon abgesehen, muß ein Begriff nicht notwendig in allen Normen auch nur ein und desselben Gesetzes die gleiche Bedeutung haben, weil sich die Begriffsbestimmung weitgehend nach dem Sinngehalt der betreffenden Norm, d. h. nach dem Zusammenhang, in den der Begriff gestellt ist, als dem

---

142) S. 52.

143) Vgl.: Micelli S. 32; Engisch S. 45. — Das Streben nach inhaltsgleichen Begriffen dürfte nicht zuletzt den Versuchen zugrunde liegen, den strafrechtlichen Besitz mit dem zivilrechtlichen ganz oder teilweise zu identifizieren (s. dazu oben S. 13f., 16).

144) S. oben S. 14 Anm. 41.

145) Einen „mittelbaren“ Gewahrsam in dem hier angenommenen Sinne hat bisher, soweit ersichtlich, nur Oppenhoff (zu § 246, Anm. 24) anerkannt (s. oben S. 15).

146) Vgl. oben S. 11.

147) S. oben S. 38f.

höheren Prinzip zu richten hat[148]). Ein Beispiel dafür bietet gerade der Gewahrsamsbegriff, den viele im § 350 StGB. durchaus abweichend von dem des § 246 StGB.[149]), im § 168 StGB. wiederum völlig verschieden davon[150]) bestimmen[151]).

Letztlich sind auch aus dem Diebstahlstatbestand nicht irgendwelche Bedenken gegen die allein innerhalb des Unterschlagungstatbestandes sich auswirkende Begriffsbestimmung anzumelden. Die Diebstahlsvorschrift enthält weder den Begriff „Besitz“ noch den des „Gewahrsams“. Allerdings wird die diebische Wegnahme gemeinhin als der Bruch fremden und die Begründung eines neuen Gewahrsams definiert[152]). Es dürfte zutreffen, daß, wie allgemein gelehrt wird, unter dem Angriffsobjekt des Diebstahls — dort soll ja der „Gewahrsam“ den Zustand, gegen den sich die tatbestandsmäßige Handlung des Wegnehmens richtet, bezeichnen — nichts anderes verstanden werden kann als das unmittelbare Innehaben der Sache, weil nur diesem rein tatsächlichen Verhältnis der zusätzliche strafrechtliche Schutz zugedacht ist[153]). Das zwingt aber nicht dazu, aus dieser das Wort „Gewahrsam“ verwendenden Begriffsbestimmung der diebischen Wegnahme den Inhalt des Gewahrsamsbegriffes im Unterschlagungstatbestand zu gewinnen, und zwar um so weniger, als der Gewahrsam in der Vorschrift des § 246 StGB. nicht auch das Angriffsobjekt, sondern ein auf seiten des Täters erfordertes Verhältnis bezeichnet. In der Tat ist demgegenüber bis heute der Gewahrsamsbegriff in der Unterschlagungsvorschrift, soweit ersichtlich, noch stets aus dem Begriff der diebischen Wegnahme und — was sicher nicht zutreffend ist — aus dem Gesichtspunkt des dort geschützten Verhältnisses statt, wie es methodisch allein richtig sein dürfte, aus dem Sinngehalt und den Bedürfnissen des Unterschlagungstatbestandes bestimmt worden[154]). Der bedeutungsvolle Unterschied zwischen beiden

[148]) Bockelmann S. 5; vgl. auch oben S. 39 Anm. 74.

[149]) Z. B.: Maurach S. 159; Kohlrausch-Lange zu § 350, Anm. III 1; Schönke zu § 350, Anm. IV 3; KG. HESt. 2/68 (69) = DRZ. 1947 S. 380 (381); OLG. Stuttgart NJW. 1950 S. 197 (198).

[150]) Z. B.: Maurach S. 159; Welzel Strafr. S. 203; Leipz. Komm. 7. Aufl. vor § 242, Bem. X 1, zu § 168, Anm. 3.

[151]) Bockelmann (S. 5) weist weiterhin mit Recht auf die Variierung des Begriffs „öffentlich“ hin; vgl. dazu RGSt. 73/90 (92ff.). — Unter „Wegnahme“ wird beim Diebstahl etwas anderes als im § 289 StGB. verstanden (vgl.: Siebert S. 112ff.; Micelli S. 15ff.). — Weitere Beispiele finden sich bei Engisch S. 43f.

[152]) Vgl. Leipz. Komm. 7. Aufl. zu § 242, Anm. III 1.

[153]) Vgl. dazu insbes.: Binding Lhb. S. 243ff., Normen S. 1036; v. Hippel S. 237ff.; Maurach S. 160; Micelli S. 40ff.

[154]) Vgl. dazu insbes. Siebert S. 2; ferner: Merkel III S. 695, 636ff.; v. Liszt-Schmidt S. 639, 613f.; v. Hippel S. 248, 237ff.; Schmidt Grdr. S. 236; Niethammer S. 251, 232; Oppenhoff zu § 246, Anm. 24, zu § 242, Anm. 16ff.; Olshausen 12. Aufl. zu § 246, Anm. 5b, zu § 242, Anm. 13a; Kohlrausch-Lange zu § 246, Anm. II, zu § 242, Anm. II; Schönke zu § 246, Anm. IV 1,

Tatbeständen in der Aufgabe des Gewahrsamsmerkmals (beim Diebstahl: Angriffsobjekt; bei der Unterschlagung: Verhältnis des Täters zur Sache) ist dabei unbeachtet geblieben. — Daß überhaupt der — nur im § 246 StGB. ausdrücklich aufgeführte — „Gewahrsam" als das Angriffsobjekt des Diebstahls bezeichnet wird und die Tatbestände des Diebstahls und der Unterschlagung in dieser Hinsicht die gleiche Behandlung erfahren, ist historisch zu erklären. In vielen älteren Diebstahlsdefinitionen erscheint als die tatbestandsmäßige Handlung die „Wegnahme aus fremdem Gewahrsam" [155]). Auch bei der Schaffung des preußischen Strafgesetzbuches, des Vorbildes für das StGB., war an eine solche Fassung gedacht worden [156]). Die Aufnahme des Gewahrsams- wie auch des Besitzbegriffes in die Diebstahlsvorschrift (§ 215) ist schließlich aber mit Rücksicht auf die „Unklarheit der landrechtlichen Lehre vom Besitz" unterblieben [157]). Die Ansicht, daß die zur Unterschlagung (§ 225) erforderte Besitz- oder Gewahrsamsbeziehung mit dem Angriffsobjekt der diebischen Wegnahme identisch sei, war immerhin zum Ausdruck gelangt [158]); sie hat bis heute die Auslegung des § 246 StGB. beherrscht. Als eine ausschließlich historische Reminiszenz kann sie der hier angestrebten Bestimmung des Anwendungsbereiches der Unterschlagungsnorm aus deren ermittelten Sinngehalt nicht mit Grund entgegengehalten werden.

Die hier angestellte Betrachtung läßt erkennen, daß den Begriffen „Besitz" und „Gewahrsam" im Unterschlagungstatbestand des geltenden Rechts durchaus der Bedeutungsinhalt, der dem zur Zueignung notwendigen äußeren Herrschaftsverhältnis entspricht, gegeben werden kann. Damit aber dürfte die Auslegung des § 246 StGB., die das Besitz-Gewahrsams-Merkmal zu einem bloßen Substrat des Zueignungsbegriffes stempelt, nicht nur vertretbar, sondern, da sie allein den Sinngehalt dieser Vorschrift in zulässiger Weise richtig zur Geltung bringt, nachgerade geboten sein.

V. Zusammenfassung und Auswertung.

Die Untersuchung der Frage, welcher Anwendungsbereich dem Unterschlagungstatbestand seinem maßgebenden Inhalt nach zuzuerkennen ist, hat folgendes ergeben:

1. Der im Wege der Auslegung ermittelte Sinngehalt des Unterschlagungstatbestandes verlangt die Anwendung dieser Straf-

---

zu § 242, Anm. V; Redslob S. 205ff. (insbes. S. 212ff.); Micelli S. 11ff., 40ff.; Widmann Laemmert S. 12ff.; Zuckermann S. 1.

[155]) Vgl. die Hinweise bei Micelli S. 12 u. Soltmann S. 6.

[156]) Goltdammer S. 458.

[157]) Goltdammer S. 459.

[158]) Goltdammer S. 459, 501.

norm auf alle denkbaren Fälle der Zueignung fremder beweglicher Sachen, soweit nicht der Diebstahlstatbestand eingreift.

2. Der Wortlaut des § 246 StGB. steht der Verwirklichung dieses Sinngehaltes nicht entgegen. Der Satzteil „die er in Besitz oder Gewahrsam hat" ist richtigerweise als ein bloßes Substrat der Zueignung aufzufassen, d. h.: immer da, wo eine Zueignung vorliegt, ist notwendig auch das Besitz-Gewahrsams-Merkmal erfüllt. Da zudem der aus dem Wortlaut dieses Satzteiles erkennbare mögliche Wortsinn die Einbeziehung auch der Fälle zuläßt, in denen die Zueignung bereits mit der Besitz- oder Gewahrsamsbegründung zusammentrifft, schränkt der bezeichnete Satzteil nicht den vom Unterschlagungstatbestand zu erfassenden Bereich der Zueignung fremden Eigentums ein; er hat vielmehr ausschließlich deklaratorische Bedeutung. Wenn man die Begriffe „Besitz" und „Gewahrsam" in ihm definieren will, so wird man sie als die rechtliche oder tatsächliche unmittelbare oder mittelbare Machtbeziehung des Täters zum Tatobjekt, die eine Zueignung ermöglicht, zu bezeichnen haben.

Mit diesem Ergebnis dürfte eine gerechte und annehmbare Lösung des Problems erreicht sein. Sie stimmt mit dem Ergebnis der „berichtigenden Auslegung" des § 246 StGB. überein. Rückschauend ist damit festzustellen, daß gegen das Verfahren der „berichtigenden Auslegung" der Vorwurf, den Grundsatz „nulla poena sine lege" zu verletzen, nur erhoben werden konnte, solange Grundlage der Betrachtung der Ausgangspunkt dieses Verfahrens, nämlich die Unzulänglichkeit des unberichtigten Gesetzes war. Zwar hört dieses Verfahren auch unter Zugrundelegung der in dieser Arbeit gewonnenen Erkenntnisse nicht auf, die Grenze der bloßen Entfaltung des Gesetzesinhaltes zu überschreiten und Rechtsfindung zu sein, denn der ihm wesentliche Verzicht auf die positive Bedeutung des Besitz-Gewahrsams-Merkmals ist nun einmal nicht mit der möglichen Bedeutung des gesetzlichen Wortlautes in Einklang zu bringen; aber es wirkt, da die Unterschlagungsvorschrift nach dem Ergebnis der hier angestellten Untersuchungen ohnehin den gesamten Bereich der Zueignung fremder beweglicher Sachen — abgesehen von den Diebstahlsfällen — erfaßt, nicht mehr strafbegründend, weil es die Unterschlagungsstrafbarkeit nicht über diesen Rahmen hinaus erweitert. Die „berichtigende Auslegung" des § 246 StGB. muß unter diesem Gesichtspunkt lediglich als überflüssig erscheinen, denn es bedarf nicht der Aufstellung einer außergesetzlichen Norm, wenn sie nichts anderes als das Gesetz selbst aussagen soll.

Die Lösungen für die weiteren in der Einleitung angeschnittenen Probleme von dem hier gewonnenen Standpunkt aus ergeben sich aus dem vorstehend Gesagten: sie entsprechen denjenigen, welche das Verfahren der „berichtigenden Auslegung“ liefert. Das Rechtsgut Eigentum wird gegen die besondere, als „Zueignung“ gekennzeichnete Angriffsart umfassend geschützt, denn jede rechtswidrige Zueignung einer fremden beweglichen Sache, die nicht einem anderen Straftatbestand unterfällt, ist als Unterschlagung strafbar. Die Unterschlagungsnorm ist damit gleichzeitig der allgemeine Auffangtatbestand unter den Zueignungsdelikten, der immer eingreift, wenn es zur Bestrafung aufgrund einer spezielleren Norm an einer dazu erforderlichen besonderen Voraussetzung mangelt. Die Möglichkeit des Fortsetzungszusammenhangs zwischen Diebstahl und Unterschlagung wird man bejahen müssen. Vorsatz, Versuch, Mit- und mittelbare Täterschaft können bei der Unterschlagung nicht mehr die in der Einleitung aufgezeigten Schwierigkeiten bereiten, da das Besitz-Gewahrsams-Merkmal jeder selbständigen Bedeutung entkleidet ist. Es werden damit in allen Beziehungen gegenüber der bisherigen Anwendungspraxis des § 246 StGB. glattere und gerechtere Fallentscheidungen ermöglicht. Das vielleicht etwas erweiterte Problem der Konkurrenz des Unterschlagungstatbestandes mit anderen Strafnormen dürfte der Praxis wohl kaum ins Gewicht fallende Schwierigkeiten bereiten, jedenfalls keine größeren, als sie hinsichtlich einer Reihe von anderen Tatbeständen auch vorhanden sind und gemeistert werden [159]).

---

159) Siehe dazu im übrigen oben S. 36 Anm. 58.

D. Schlußbetrachtung

Die vorliegende Arbeit mit dem Versuch, den Anwendungsbereich des Unterschlagungstatbestandes in einer den Bedürfnissen sinnvoller und vernünftiger Rechtsanwendung entsprechenden Weise zu bestimmen, hat mit den Schwierigkeiten, die sich diesem Versuch entgegenstellten, einmal mehr bewiesen, daß — und darin besteht allgemein Übereinstimmung — die Fassung der Unterschlagungsvorschrift nicht recht geglückt ist.

Wie schon erwähnt, haben diesem Umstand auch die sämtlichen Entwürfe zu einem neuen Strafgesetzbuch Rechnung getragen. So wird in dem sog. Vorentwurf von 1909 (§ 271), in dem Gegenentwurf von 1911 (§ 299), im Kommissionsentwurf von 1913 (§ 358), in dem Entwurf von 1919 (§ 364) wie auch in dem Entwurf von 1927 (§ 333) als das Handlungsobjekt der Unterschlagung eine Sache bezeichnet, „die sich nicht im Gewahrsam eines anderen befindet". Bei dieser Fassung ist nun aber allzu einseitig auf den Fall der Fundaneignung gesehen worden; diese Fundaneignung kann danach sicher als Unterschlagung bestraft werden, da das Bestehen eigenen Gewahrsams des Täters jedenfalls nicht verlangt ist. Die „brevi-manu"-Veräußerung dürfte jedoch bei dieser Formulierung ebenso sicher nicht dem Unterschlagungstatbestand unterfallen, denn daß in einem solchen Fall die Sache sich im Gewahrsam eines anderen — mag dieser ihn auch nur für den Täter ausüben — befindet, ist nicht zu leugnen. Demnach kann diese Fassung nicht die Anforderungen erfüllen, die an den Unterschlagungstatbestand zu stellen sind, soll die Unterschlagung das allgemeine Zueignungsdelikt sein [1]). Es dürfte folglich, wenn man nicht — wie der Amtliche Entwurf von 1925 (§§ 300, 301) — auf jede Abgrenzung von anderen Delikten verzichten will, angeraten sein, die Abgrenzung (insbesondere vom Diebstahl) rein negativ vorzunehmen. In dieser Weise verfährt der Entwurf der amtlichen Strafrechtskommission von 1935/36, der in seinem § 465 die Unterschlagung wie folgt definiert:

> Wer, abgesehen von den Fällen des Raubes, des Diebstahls oder der Untreue, eine fremde Sache widerrechtlich sich oder einem anderen zueignet, wird mit Gefängnis bestraft.

Die vorstehende Fassung, die als § 459 auch in die Kabinettsvorlage vom Juni 1938 eingegangen ist, dürfte für zukünftige Reformarbeiten zu empfehlen sein. Sie würde unter der gesetzgeberisch möglichen Einschränkung des Konkurrenzproblems dem Charakter der Unterschlagung als des allgemeinen Zueignungsdeliktes und damit dem Ergebnis der „berichtigenden Auslegung" des § 246 StGB. wie dem der vorliegenden Arbeit klaren Ausdruck im Gesetz verleihen.

---

[1]) Vgl. Bockelmann S. 7.

FSC
www.fsc.org
MIX
Papier | Fördert
gute Waldnutzung
FSC® C083411

Kolibri 360 GmbH
Ferdinand-Jühlke-Straße 7
99095 Erfurt, Deutschland
produktsicherheit@kolibri360.de